Chengdu Wuzhang'ai Shouce

Jingqu Jiaotong Pian

成都无障碍手册

景区、交通篇

主编　熊红霞

四川人民出版社

图书在版编目（CIP）数据

成都无障碍手册. 景区、交通篇 / 熊红霞主编. —成都：四川人民出版社，2017.9
ISBN 978-7-220-10329-2

Ⅰ. ①成… Ⅱ. ①熊… Ⅲ. ①残疾人—社会服务—成都—手册 Ⅳ. ①D669.69-62

中国版本图书馆CIP数据核字（2017）第221088号

成都无障碍手册——景区交通篇

CHENGDU WUZHANG'AI SHOUCE JINGQU JIAOTONG PIAN

熊红霞 主编

责任编辑	石 云
封面设计	张 妮
版式设计	戴雨虹
责任校对	舒晓利
责任印制	许 茜
出版发行	四川人民出版社（成都槐树街2号）
网 址	http://www.scpph.com
E-mail	scrmcbs@sina.com
新浪微博	@四川人民出版社
微信公众号	四川人民出版社
发行部业务电话	（028）86259624 86259453
防盗版举报电话	（028）86259624
照 排	四川胜翔数码印务设计有限公司
印 刷	成都市金雅迪彩色印刷有限公司
成品尺寸	130mm × 195mm
印 张	7.5
字 数	210千
版 次	2017年10月第1版
印 次	2017年10月第1次印刷
书 号	ISBN 978-7-220-10329-2
定 价	58.00元

《成都无障碍手册——景区交通篇》
编辑委员会

主　编

熊红霞

副主编

李天荣　胥志刚

编写人员

方　亮　郭　鹏　刘　峰　石　云

李　洋　刘宇康　宋　薇　张海燕

指导单位

四川省残疾人联合会

支持单位

成都市残疾人联合会

成都市成华区残疾人联合会

四川圆梦助残公益服务中心

序

有爱无碍，出行无碍

人人都享有旅游的权利，残障人士也不例外。大量旅游景区的开发和经济社会的向前发展，吸引越来越多的残障人士参与到旅游活动之中。成都是国家中心城市、四川的政治经济中心，也是四川的交通枢纽和旅游中心。成都作为中国最佳旅游城市之一，与成都相关的旅游手册或指南可谓琳琅满目，但这类手册中对残障人士出行迫切需要了解的交通、酒店、景区公共设施涉及较少。这本《成都无障碍手册》通过介绍成都的交通、景区的无障碍设施，让残障人士能够充分了解出行的无障碍设施信息，更好地体验成都及其周边的文化、社会、美景、美食等。

让残障人士参与旅游活动是一种社会责任，也是社会文明进步的体现。我国的无障碍设施建设逐步加快，各地景区的无障碍设施也越来越完善。为了让残障人士出行更加方便，旅行时提前了解无障碍设施的具体情况，我们倾力制作了全国第一本无障碍旅行手册， 内容涉及交通、景区、餐饮、住宿等。这本《成都无障碍手册》能让更多的残障人士方便地走出家门，更好地融入社会，共享社会经济发展的成果。

消除障碍、残健融合

“残疾，是人类发展进程中不可避免要付出的一种社会代价”。如何对待残障人士，为残障人士提供怎样的服务，是衡量一个社会文明程度的重要标尺。成都近年来积极开展无障碍建设，对城市道路、景区公共设施、公共交通进行无障碍改造。交通无障碍、旅游服务无障碍建设需要社会方方面面的共同努力，作者以成都无障碍旅游环境状况为出发点，对成都公共交通、景区、商店、宾馆做了全方位的调查，详细介绍成都的风景名胜，以期为出行不便的残障人士做向导，方便残障人士畅游成都。

本书历时两年，由四川圆梦助残公益服务中心与众多的残疾人志愿者走遍成都的各个旅游景点、交通要道，收集无障碍出行信息编辑而成。手册所涉及的内容在实地考察和残障人士亲身体验的基础上完成，全是设身处地从使用者可能遇到的问题出发，在介绍成都的旅游线路、旅游资源中加入无障碍环境元素。这是一本为残障人士量身制作的旅行指南，能让残障人士清晰了解在外出过程中可能遇到的方便和不便，从而为出行做充分准备，有备而来，尽兴而归。

无障碍，就是大爱

发展“残障人士无障碍旅游”就是帮助残障人士走出家门，共享经济发展的最好载体。无障碍旅游本质就是让残障人士能够和普通人一样正常地在景区有尊严地完成旅游活动。由于我国无障碍旅游事业发展较西方发达国家起步较晚，在硬件和软件方面依然存在不足。

近些年来，随着经济社会发展，我国加快了城市无障碍设施建设。但是由于相关信息传播相对滞后，无障碍信息由不同部门各自发布，造成许多残障人士不能全面地了解城市中现存的无障碍设施，从而不能也不敢真正走出家门。残障人士要享受旅游带来的快乐，需要更为详细的交通信息和各种旅游服务，如无障碍交通、酒店，训练有素的服务人员等，但目前我国普遍缺乏统一标准的无障碍设施以及相关服务人员。同时各种各样的内容丰富和全面的旅游小册子中没有相关无障碍设施信息，无法切实帮助残障人士出行。

为了让无障碍建设真正地为残疾人提供便利，创造一个平等参与的条件，本书涉及成都及其周边主要景区的无障碍设施状况以及存在的问题，在为残障人士旅行做参考的同时，也希望引起相关方的重视，对存在的问题进行改进，使逐步完善的无障碍设施成为残障人士出游得以实现的保障。

祝愿这一手册的出版、发行，不仅仅为残障人士服务，还有利于推动四川省旅游文化的发展，有利于推动中国文化旅游业的新发展。

王川

2017年6月14日

如何使用该手册

1. 本书不需要从头到尾的详细阅读，残障人士可以依据自己出行目的地，选择自己所需的内容。

2. 希望游客在旅行后针对自身体验，填写无障碍检测表，把相关信息反馈给我们，以便敦促相关部门进行改进，使成都的无障碍服务不断改进，最终使成都成为一座无障碍城市。

3. 您可以写下您游览成都过程中的便利与不便，与广大的残障人士分享你出游的欢乐，鼓励他们走出家门，享受快乐生活。（ 微信公众号ymgy_100 网站www.mulinbang.org）

项目介绍

★荣誉

《成都无障碍手册》项目在2015年9月，获得第四届全国公益慈善项目大赛金奖；2016年12月，获得第三届中国青年志愿服务大赛阳光助残类全国金奖。

★目的

我国有八千多万残疾人士，因为无障碍环境的缺失，平时很难看到他们的身影。其实，他们非常渴望走出去看看外面的世界，《成都无障碍手册》恰恰弥补这方面空白。

★筹备

四川圆梦助残公益服务中心发动了不同类别的残疾人士以及高校师生等160名志愿者，从2015年开始采集数据和信息，至2017年8月采集完毕，编撰成册。

★规划

计划用三年时间，全面完成成都及周边地区景区、交通、宾馆、商场等各种场所的无障碍出行指南手册。

★特色

集图书、手机APP、社交平台于一体，简洁便利实用。

★项目内容

在学校、社区等公共场所开展“无障碍体验”活动，传播无障碍的使用价值和重要性；

通过残疾志愿者对景区、公共场所、公共交通设施进行无障碍调研，以经纬度定位、分类别、分级别标注无障碍设施的完善情况，并给出相应的对策与建议；

在调研过程中，针对与残疾人士生活息息相关的一些商家、企业代表商量其进行无障碍设施改造。

★成果

经过两年的无障碍调研与宣导，一切都在悄悄改变，无障碍意识渐渐深入人心，越来越多的商家、企业进行了无障碍改造，甚至连受益人也加入了志愿者队伍，圆梦公益的志愿者队伍以每年50%的速度在增长。

★圆梦心声

一条小小的坡道就可以让坐轮椅的残疾朋友无障碍！

一个语音播报器就可以让盲人朋友无障碍！

一段温馨提示文字就可以让聋哑朋友无障碍！

希望更多人来帮助残疾朋友走出家门，融入社会，推动无障碍的发展！

Contents目　录

成都无障碍手册

锦

第一章 交通篇

JIAOTONG PIAN

成都是四川省的交通枢纽，公共交通十分便利。由于公共交通建设年代和投入使用年代不尽相同，无障碍设施的位置和配置都有所差异，如果残疾乘客不熟悉汽车站、火车站、公交站、地铁站等不同交通系统在无障碍设施方面的差异，那么将无法便利出行。本章将成都市区残障人士出行所需交通信息详细介绍，标明成都无障碍设施位置、交通站点等内容，系统梳理成都交通无障碍环境，为残障人士出行提供服务。

交通篇

第一节 汽车站

成都的汽车站比较多，通往四川东西南北方向的车次，各个汽车站均有发往。各个汽车站的无障碍设施都存在不完善的状况，基本都存在出入口坡道建设不规范、没有无障碍通道、没有低位服务台和低位售票窗口等问题。因此残障朋友选择汽车出行需要亲友陪伴进行协助。

金牛区

1. 五块石汽车站

国家交通部核准的一级客运站、四川省政府批准建设的成都市十大枢纽车站之一。主要经营彭州、新繁、华阳等滚动班车，资阳、乐至、遂宁、简阳、金堂等地区间班车，发往富顺、宜宾、平昌、南江、达州等方向的中长线班车。

地址：成都市站北路157号

电话：028-83118599

公交到达线路：24、52、57、59、80、103、123、191、316、651、763、1037路。

2. 城北客运站

几乎开通了到全省各地的班车，旅客们无论到哪里都可以到这里坐车。

地址：成都市二环路北二段85号

电话：028-83175758

公交到达线路：1、27、28、32、34、99、650路。

3. 梁家巷汽车站

成都梁家巷汽车站，正式名称为成都北门车站，位于成都市一环路，可乘公交车在梁家巷站下车即可。车站班车主要发往唐巴路沿线县市和川南部分城市，要到达绵阳、德阳、遂宁、南充、巴中、自贡、宜宾等可到这里乘车。也包括到重庆、浙江的省际班车。

地址：成都市一环路北四段191号金宇大厦

电话：028-83331872

公交到达线路：市内1、27、28、32、34、64、99、106、650、113路。

4. 茶店子汽车站

茶店子客运站主要经营线路是成都市周边的县市如：温江、大邑、邛崃、都江堰和阿坝州所属各县，西昌、内江及九寨沟、四姑娘山、米亚罗、康定、乐山、峨眉山等风景名胜区的旅游线。

地址：成都市西三环路五段289号

电话：028-87506610

到达交通线路：地铁2号线；公交4、62、79、82、86、108、310、337、338、341、405、716、805路。

成华区

5. 昭觉寺汽车站

向北出川的重要车站，要到达广汉、德阳、绵竹、什邡、绵阳、江油、梓潼、青川、广元、剑阁等地的乘客，即经过成绵高速路沿线的旅客都可以到这里坐车。

地址：成都市成华区昭青横路166号

电话：028-83511407

公交到达线路：150、156B、527路。

6. 成都东客站长途客运站

成都东客站长途客运站运营线路有：温江、崇州、大邑、邛崃、蒲江、彭州、新津、郫都、金堂、新都、双流、青白江、黄龙溪、金堂淮口及资中和西昌。重庆方向的大足、龙水、璧山、荣昌。安岳方向的潼南、宜宾、隆昌、威远、泸州、自贡、内江、仓山、大荣等地。

地址：成都市成华区邛崃山路

电话：028-86307748

到达交通线路：地铁2号线；公交2、38、40、91、101、146、147、317、4、47、71、121、817路。

7. 五桂桥汽车站

前往重庆方向沿线的乘客到这里坐车最方便。主要站点有重庆、资阳、乐至、泸州、资中、内江等。

地址：成都市迎晖路194号

电话：028-84716144

公交到达线路：2、4、10、23、38、58、66、71、81、91、92、94、122、200路。

武侯区

8. 新南门汽车站

该车站属于旅游集散中心，开通到达全省各地及省外的旅游景区的专线班车。例如九寨沟、海螺沟、峨眉山、乐山大佛、瓦屋山、天台山、碧峰峡、西岭雪山、银厂沟、石象湖、三岔湖、黄龙溪、百丈湖、槽渔滩、洪雅、康定、彭山、峨边、眉山、新津、蒲江等。

地址：成都市新南路2号

电话：028-85433609

公交到达线路：6、48、49、55、301路。

高新区

9. 石羊客运站（石羊汽车站）

该车站位于高新区石羊乡，西临成新大件路，东靠成雅、成乐高速，是成都始发开往川南、川西南方向的一级汽车客运站，主要营运线路有：雅安、乐山、西昌方向及成都市周边县市各地。

地址：成都市武侯区益新大道799号

电话:028-85316127

公交到达线路：11、28、100、28路。

龙泉驿区

10. 十陵汽车站

十陵汽车客运站主要运营线路有：南充、武胜、蓬溪、广安、蓬安、遂宁、华蓥、渠县、西充、邻水等地。

地址：成都市十陵镇东三环路三段辅路外侧

电话：028-84605450

公交到达线路：5、85、120、122、136、137、854、854A、867、869、887、888、889路。

11. 龙泉汽车总站

该车站主要功能在于连接了龙泉驿区与主城区各大公交枢纽站，是五桂桥、华阳、十陵、北湖、城东客运站等地公交往返站，另外还有专门发往洛带古镇的班车。

地址：成都市驿都中路110号

电话：028-84851013

温江区

12. 温江客运中心

温江客运中心主要运营线路有：雅安、泸州、成都、彭州、都江堰、新都、崇州、双流、华阳、青白江、新津、简阳、金堂等地。

地址：成都市温江区南熏大道一段2号

电话：028-82726553

第二节 火车站

火车站的站内无障碍设施都比较完善，重点旅客坐席、无障碍厕所、无障碍通道、优先上车服务、志愿者服务都是一流水平，因此火车是残障朋友跨地区出行的最佳选择之一。但是和城市外部交通连接得却不完美，不能与地铁无缝对接。

1. 成都站

成都站，当地人习惯称为火车北站。位于四川省成都市金牛区站东路1号，1952年7月投入运营，隶属成都铁路局，是西南地区最大铁路枢纽、全国枢纽之一，设有始发铁路18条，建筑面积超过16万平方米。成都站始发列车能够直通内地各大省会城市。

成都北站是编组站，是我国目前规模第二大的编组站，也是国内首座采用综合集成自动化系统的编组站，货运部。

到达成都站的交通线路有：地铁1号线；公交车有2、9、11、15、16、17、24、27、28、34、36、50、52、54、55、65、70、73、83、86、123、1131路；机场专线2号线；夜间专线公交车298路。

成都站秉承“以人为本、旅客至上”的服务宗旨，推出六大特色服务：第一，设置绿色通道以及低位售票窗口，方便残疾朋友购票；第二，候车大厅面向70周岁（包含）以上老年旅客以及残疾旅客提供爱心服务，免费提供茶水、推车，并由相关工作人员护送；第三，设置电子寄存小柜，方便旅客存放行李；第四，提供“小红帽”服务，方便旅客乘车；第五，开辟母婴候车区域；第六，在候车大厅内，每日向旅客提供终点城市的天气预报。

“成都站”和“成都北站”是两个不同的车站。一般称呼的“成都火车北站”与成都铁路局官方真正意义上的成都北站是两个概念，“成都北站”是货运编组特等站，而成都站才是客运特等站，旅客客票上只注有成都站，这点请注意！

2. 成都南站

成都南站位于成都高新区桂溪街道（天府大道北段）。距离成都站10公里，距离成都东站7公里，距离双流机场站13公里，是成绵乐城际高速铁路客运专线的配套工程。未来该站开通成昆线普速客车、成都铁路环线客车、成渝城际动车等列车的客运办理业务。

到达火车南站的交通线路有：地铁1号线；公交车有：16、133、153、187、188、199、298、300、304、501、806B、809、815、

816、49、76、112、23路。

3. 成都东站

成都东站是国内六大枢纽客站之一，也是中西部最大的铁路客运站之一和西南最大的集铁路客运、长途及旅游客运，地铁、公交、出租以及社会停车等功能于一体的大型现代化综合交通枢纽，是西成高铁、成贵高铁、沪汉蓉快铁、成渝高铁的重要站点。主要办理成绵乐客专、遂成铁路始发终到及宝成铁路通过等客运作业。

到达东站的交通线路有：地铁2号线；公交车有：2、38、40、91、101、146、147、317、4、47、71、121、817路。

4. 成都西站

成都西站位于苏坡立交附近，是川藏铁路的起点站，建成后将办理都江堰、雅安、蒲江等方向的火车客运业务。规划中的火车西站按远期（2030年）高峰小时客流量7677人的规模设计为大型客运站，站房为线侧平式，车场规模为4台8线，设基本站台1座、岛式中间站台3座，设8米宽旅客进、出站地下通道各1个。将是一个集公交、出租、动车、地铁4号线、9号线有轨电车为一体的综合交通枢纽。

成都地铁系统处于快速发展时期，地铁系统中的无障碍设施相对完善，是残障朋友出行最佳选择之一。成都地铁现有4条线路，其中1号线建成较早，线路无障碍设施设计有一定缺陷，其中市中心的火车北站、人民北路、文殊院、骡马市、锦江宾馆、华西坝、省体育馆、倪家桥、桐梓林等站点没有无障碍电梯，但设有残疾人升降平台。2

号线、3号线、4号线无障碍设施较为完善，特别是新开通的4号线卫生间都增设了紧急报警按铃，扶手有盲文标识。

温馨提示：成都的地铁重度残疾人及陪护免费乘坐，进站台找工作人员出示残疾人证，走重点旅客通道即可。

一、成都地铁概况

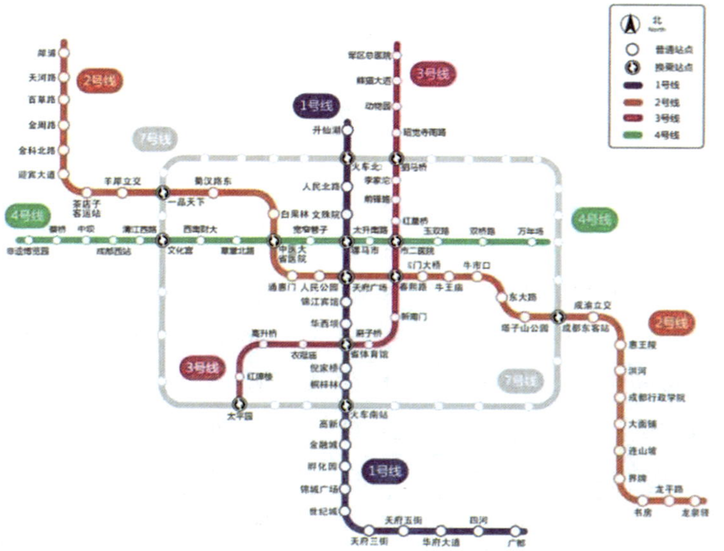

成都地铁线网图

1号线首末班车时刻表				
车站	往升仙湖方向		往广都方向	
	首班车	末班车	首班车	末班车
升仙湖	——	——	06：20	22：50
火车北站	07：00	23：30	06：22	22：52
人民北路	06：58	23：28	06：24	22：54
文殊院	06：56	23：26	06：27	22：57
骡马市	06：54	23：24	06：29	22：59
天府广场	06：52	23：22	06：31	23：01
锦江宾馆	06：50	23：20	06：33	23：03
华西坝	06：49	23：19	06：35	23：05
省体育馆	06：47	23：17	06：37	23：07
倪家桥	06：45	23：15	06：38	23：08
桐梓林	06：43	23：13	06：40	23：10
火车南站	06：41	23：11	06：42	23：12
高新站	06：38	23：08	06：45	23：15
金融城	06：36	23：06	06：47	23：17
孵化园	06：35	23：05	06：49	23：19
锦城广场	06：33	23：03	06：50	23：20
世纪城	06：30	23：00	06：53	23：23
天府三街	06：28	22：58	06：55	23：25
天府五街	06：26	22：56	06：57	23：27
华府大道	06：24	22：54	06：59	23：29
四河	06：22	22：52	07：01	23：21
广都	06：20	22：50	——	——

2号线首末班车时刻表				
车站	往龙泉驿方向		往犀浦方向	
	首班车	末班车	首班车	末班车
龙泉驿	——	——	06：10	22：30
龙平	07：29	23：41	06：13	22：32
书房	07：26	23：38	06：15	22：35
界牌	07：24	23：36	06：18	22：38
连山坡	07：21	23：33	06：20	22：40
大面铺	07：19	23：31	06：22	22：42
成都行政学院	07：16	23：28	06：20	22：46
洪河	07：13	23：25	06：23	22：48
惠王陵	07：11	23：23	06：25	22：50
成渝立交	07：09	23：21	06：27	22：53
成都东客站	07：07	23：19	06：29	22：55
塔子山公园	07：04	23：16	06：32	22：57
东大路	07：02	23：14	06：34	22：59
牛市口	07：00	23：12	06：36	23：01
牛王庙	06：58	23：10	06：38	23：03
东门大桥	06：56	23：08	06：40	23：05
春熙路	06：54	23：06	06：42	23：07
天府广场	06：52	23：04	06：45	23：10
人民公园	06：49	23：01	06：47	23：12
通惠门	06：47	22：59	06：49	23：14
中医大省医院	06：45	22：57	06：51	23：16
白果林	06：43	22：54	06：53	23：19
蜀汉路东	06：40	22：52	06：55	23：21
一品天下	06：38	22：50	06：57	23：23
羊犀立交	06：36	22：47	06：59	23：25
茶店子客运站	06：34	22：45	07：02	23：27
迎宾路	06：32	22：43	07：04	23：29
金科北路	06：30	22：41	07：06	23：31
金周路	06：28	22：38	07：08	23：33
百草路	06：25	22：35	07：11	23：36
天河路	06：22	22：32	07：14	23：39
犀浦	06：20	22：30	——	——

3号线首末班车时刻表				
车站	往军区总医院方向		往太平园方向	
	首班车	末班车	首班车	末班车
军区总医院	——	——	6：30	22：30
熊猫大道	7：01	23：21	6：33	22：33
动物园	6：59	23：19	6：35	22：35
昭觉寺南路	6：57	23：17	6：37	22：37
驷马桥	6：55	23：15	6：39	22：39
李家沱	6：54	23：14	6：41	22：41
前锋路	6：51	23：11	6：43	22：43
红星桥	6：49	23：09	6：45	22：45
市二医院	6：47	23：07	6：47	22：47
春熙路	6：45	23：05	6：49	22：49
新南门	6：43	23：03	6：51	22：51
磨子桥	6：41	23：01	6：53	22：53
省体育馆	6：39	22：59	6：55	22：55
衣冠庙	6：36	22：56	6：58	22：58
高升桥	6：34	22：54	7：00	23：00
红牌楼	6：32	22：52	7：02	23：02
太平园	6：30	22：50	——	——

4号线首末班车时刻表				
车站	往西河方向		往万盛方向	
	首班车	末班车	首班车	末班车
万年场	——	——	06：30	22：40
双桥路	07：04	23：04	06：31	22：41
玉双路	07：01	23：01	06：34	22：44
市二医院	06：59	22：59	06：36	22：46
太升南路	06：57	22：57	06：38	22：48
骡马市	06：55	22：55	06：41	22：51
宽窄巷子	06：52	22：52	06：43	22：53
中医大省医院	06：50	22：50	06：45	22：55
草堂北路	06：47	22：47	06：48	22：58
西南财大	06：46	22：46	06：50	23：00
文化宫	06：44	22：44	06：52	23：02
清江西路	06：41	22：41	06：54	23：04
成都西站	06：38	22：38	06：57	23：07
中坝	06：36	22：36	07：00	23：10
蔡桥	06：33	22：33	07：03	23：13
非遗博览园	06：30	22：30	07：01	23：42
马厂坝	06：26	23：06	07：03	23：43
凤凰大街	06：23	23：03	07：06	23：46
涌泉	06：21	23：01	07：08	23：49
光华公园	06：18	22：59	07：11	23：51
南熏大道	06：16	22：56	07：13	23：53
凤溪河	06：14	22：54	07：15	23：55
杨柳河	06：12	22：52	07：17	23：57
万盛	06：10	22：50	——	——

换乘站首末班车时刻表				
站名	线路	开往方向	首班车	末班车
天府广场（1、2号线换乘）	1号线	升仙湖	06：52	23：22
		广都	06：31	23：01
	2号线	龙泉驿	06：51	23：04
		犀浦	06：45	23：10
省体育馆（1、3号线换乘）	1号线	升仙湖	06：47	23：17
		广都	06：37	23：07
	3号线	军区总医院	06：39	22：59
		太平园	06：55	22：55
骡马市（1、4号线换乘）	1号线	升仙湖	06：54	23：24
		广都	06：29	22：59
	4号线	西河	06：55	22：55
		万盛	06：41	22：51
春熙路（2、3号线换乘）	2号线	龙泉驿	06：54	23：07
		犀浦	06：42	23：07
	3号线	军区总医院	06：45	23：05
		太平园	06：48	22：49
中医大省医院（2、4号线换乘）	2号线	龙泉驿	06：45	22：58
		犀浦	06：51	23：16
	4号线	西河	06：50	22：50
		万盛	06：45	22：56
市二医院（3、4号线换乘）	3号线	军区总医院	06：47	23：07
		太平园	06：47	22：47
	4号线	西河	06：59	22：59
		万盛	06：36	22：47

二、成都地铁无障碍设施

残障人士出站跟进站经由同一路线，除3号线每个站点到地面只有一个无障碍通道外，其他线路均有两个以上无障碍通道。使用无障碍设施请询问工作人员。

1号线无障碍设施			
序号	车站	具体位置	设施名称
1	升仙湖	A口	无障碍通道
2	火车北站	D口	残疾人牵引机
3	人民北路	B口	残疾人牵引机
4	文殊院	K口	残疾人牵引机
5	骡马市	A口	残疾人牵引机
6	天府广场	D口	无障碍电梯
7	锦江宾馆	C1口	残疾人牵引机
8	华西坝	B口	残疾人牵引机
9	省体育馆	B2口	残疾人牵引机
10	倪家桥	B口	残疾人牵引机
11	桐梓林	C口	残疾人牵引机
12	火车南站	D口	无障碍电梯
13	高新站	A口、C口	无障碍电梯
14	金融城	A口、D口	无障碍电梯、残疾人牵引机
15	孵化园	B口	无障碍电梯
16	锦城广场	D口	无障碍电梯
17	世纪城	C1口	无障碍电梯
18	天府三街	B口、C2口	无障碍电梯
19	天府五街	A口	无障碍电梯
20	华府大道	A口	无障碍电梯
21	四河	D口	无障碍电梯
22	广都	C口	无障碍电梯

2号线无障碍设施			
序号	车站	具体位置	设施名称
1	白果林	D口	无障碍电梯
2	中医大省医院	C口	无障碍电梯
3	通惠门	A口	无障碍电梯
4	人民公园	B口	无障碍电梯
5	春熙路	C口	无障碍电梯
6	东门大桥	A口	残疾人牵引机
7	牛王庙	D口	无障碍电梯
8	牛市口	C口	无障碍电梯
9	东大路	C1口	无障碍电梯
10	塔子山公园	D口	无障碍电梯
11	成都东客站	各出入口为铁路局管理	
12	成渝立交	C口	无障碍电梯
13	惠王陵	D口	无障碍电梯
14	洪河	A1口	无障碍电梯
15	成都行政学院	B口	无障碍电梯
16	大面铺	A1口、B1口	无障碍电梯
17	连山坡	A2口、B2口	无障碍电梯
18	界牌	A1口、B1口	无障碍电梯
19	书房	A口	无障碍电梯
20	龙平	B口	无障碍电梯
21	龙泉驿	A口	无障碍电梯

3号线无障碍设施			
序号	车站	具体位置	设施名称
1	军区总医院	A口、C口	无障碍电梯
2	熊猫大道	B口	无障碍电梯
3	动物园	A口	无障碍电梯
4	昭觉寺南路	A口	无障碍电梯
5	驷马桥	C口	无障碍电梯
6	李家沱	D口	无障碍电梯
7	前锋路	C口	无障碍电梯
8	红星桥	B口	无障碍电梯
9	市二医院	C口	无障碍电梯
10	春熙路	C口	无障碍电梯
11	新南门	C口	无障碍电梯
12	磨子桥	B2口	残疾人牵引机
13	省体育馆	B口	无障碍电梯
14	衣冠庙	位B口	无障碍电梯
15	高升桥	位B口	无障碍电梯
16	红牌楼	B口	无障碍电梯
17	太平园	B口	无障碍电梯

4号线无障碍设施			
序号	车站	具体位置	设施名称
1	西河		无障碍电梯
2	明蜀王陵	A口、B口	无障碍电梯
3	成都大学	C口	无障碍电梯（地面道路施工未开放）
4	十陵	A口	无障碍电梯
5	来龙	D口	无障碍电梯（地面道路施工未开放）
6	槐树店	B2口	爬楼机
7	万年场	C口	无障碍电梯
8	双桥路	C口	无障碍电梯
9	玉双路	C口	残疾人牵引机
10	市二医院	C口	无障碍电梯
11	太升南路	C口	无障碍电梯
12	骡马市	F口	无障碍电梯
13	宽窄巷子	B口	无障碍电梯
14	中医大省医院	C口	无障碍电梯
15	草堂北路	D口	残疾人牵引机
16	西南财大	A口	无障碍电梯
17	文化宫	A口	无障碍电梯
18	清江西路	B口	残疾人牵引机
19	成都西站	A2口	无障碍电梯
20	中坝	B口	无障碍电梯
21	蔡桥	C口	无障碍电梯
22	非遗博览园	A口、D口	无障碍电梯
23	马厂坝	D口	无障碍电梯
24	凤凰大道	D口	无障碍电梯
25	涌泉	C2口	无障碍电梯
26	光华公园	G1口	无障碍电梯
27	南熏大道	A口	无障碍电梯
28	凤溪河	A口	无障碍电梯
29	杨柳河	A口、D口	无障碍电梯
30	万盛	A口	无障碍电梯

温馨提示：天府广场是换乘站，1号线站台无障碍电梯由于设计原因可以直接出站（不经出站验票），所以平常都是关闭的，使用时要找工作人员，或者使用呼叫服务，1号线、2号线共用一个出站无障碍电梯到达地面。

呼叫电话：028-61638000

三、地铁乘车常识

1. 票务须知

成都地铁采用计程计时票制。2元可乘坐4公里范围内，4至12公里范围内，每增4公里增加1元，12至24公里范围内，每递增6公里增加1元；24至40公里范围内，每递增8公里增加1元，超过40至50公里范围内，每递增10公里增加1元，超过50公里之后，每递增20公里增加1元。目前，成都地铁已开始1、2、3、4号线，线内最高单程票价为10元。

2. 车票种类及计费

（1）单程票

地铁公司发行的IC卡，在车站自动售票机和车站票务中心（客服中心）的半自动售票机上发售，按基本票价政策计费。仅限在车票发售站当天有效，乘客持车票在闸机刷卡进站，出站时将车票投入闸机回收口出站。单程票一经售出，概不退换。

（2）天府通卡

成都天府通公司发行的IC卡，分为普通卡、学生卡和老年卡。普通卡按基本票价9折计费；学生卡按基本票价5折计费；老年卡在非高峰时段乘车，每次乘车扣除免费3次，高峰时段内乘车按基本票价9折计费。

注：高峰时段指工作日的7:30–9:30和17:30–19:30，以进站时间为准。

3. 其他政策

（1）义务兵、革命伤残军人、伤残人民警察及盲人、离休干部、重度残疾人及特级教师（校长）等符合政府免费乘坐地铁优惠政策的人员，持相关有效证件到车站票务中心(客服中心)办理手续后，免费乘坐地铁。

（2）每位成年乘客可以免费携带一名身高1.3米以下的儿童入站

乘车，超过一名的，按超过人数购票。身高超过1.3米的儿童需凭有效车票乘坐地铁。

温馨提示：重度残疾人可以免费带一名陪护人员，进站、出站要从专用通道通过。

四、地铁乘车八部曲

1. 进站

在地铁出入口500米范围内的显著地点安装有地铁站外路引，沿路引上箭头的指示方向即可找到地铁车站入口。进入入口，可通过楼梯下到站厅层。

残障人士要通过轮椅坡道或无障碍电梯下到站厅层。

2. 购票

乘坐地铁可选用地铁专用车票、天府通卡（仅限电子钱包，所充公交次数不能用于乘坐地铁）。

每个车站均设有票务中心（客服中心），提供售票、投诉咨询、天府通卡（电子钱包）充值、兑换零钞、补票等服务。

在站厅靠出入口的醒目位置都设有自动售票机，可自助购买地铁单程票和为天府通卡电子钱包充值。

重度残疾人免票，并可以免费带一名陪护人员。

3. 安检进闸

进闸之前，请主动把随身行李放置于X光机上进行安全检查，如有需要时，请配合地铁安检人员对随身行李进行特别检查。

4. 候车

通过闸机后，请注意站内导向标识，正确选择目的站所在的方向，通过步行梯或自动扶梯进入站台层候车，行动不便的乘客建议使用无障碍乘客电梯。

候车时请按地下箭头指示站在屏蔽门外，切勿站在下客区内。

5. 乘车

列车到达后，待屏蔽门和车门完全打开后，先下后上，按照地下箭头指示从门两侧依次上车。当屏蔽门正在开启、关闭，有警告声音提示时门头灯闪烁，严禁强行上车！

6. 下车

请注意车内广播和显示的到站信息，到达目的站后，待车门完全打开后，依次下车。当车门正在开启、关闭，有警告声音提示时门头灯闪烁，严禁强行下车！

7. 验票出闸

下车后按照指示牌进入站厅层、选择出站口。出站闸机下方显示绿色箭头，表示该闸机正在工作，应由此验票出闸。

如所持为单程票，则将票直接插入右手边闸机的回收口中，待闸机扇门自动打开后，及时通过；如所持为天府通卡，则将卡轻触右手边闸机感应区，系统会自动从电子钱包内扣除相应票值，待闸机扇形门自动打开后，及时通过。

请在刷卡进闸后2小时内刷卡出闸。

8. 出站

按照车站战区图出口，根据导向标识，通过步行梯或自动扶梯出站，行动不便的乘客建议使用无障碍电梯或轮椅牵引机。

第四节 机场

成都双流机场无障碍设施非常完善，机场的无障碍停车位、重点旅客优先通道都给予残疾人士最大程度上的便利。因此乘坐飞机也是残障人士长途旅行中较为方便的方式之一。

一、成都双流机场概况

机场高速直达T2车辆通过收费站后行400米，从左侧的高架桥匝道上高架桥，可直接行驶到T2出港大厅。

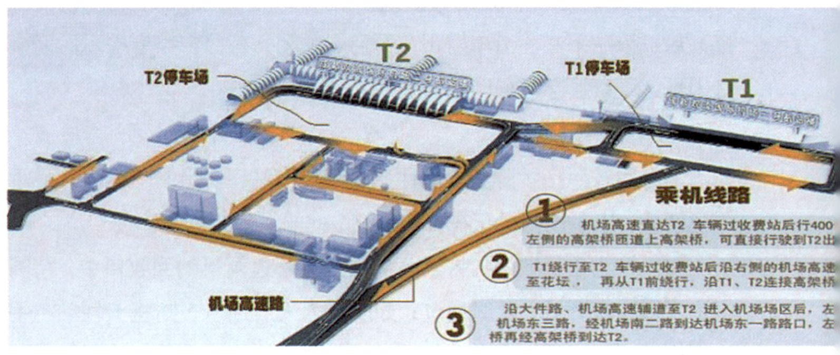

T1绕行至T2，车辆过收费站后沿右侧的机场高速路行驶至花坛，再从T1前绕行，沿T1、T2连接高架桥抵达T2。

沿大件路、机场高速辅道至T2进入机场场区后，左转进入机场东三路，经机场南二路到达机场东一路路口，左转上引桥再经高架桥到达T2。

温馨提示：自驾出行通过机场高速收费站后，我们看到了成都双流国际机场航站楼。其中T1航站楼主要负责四川航空公司航班、国际航班的进出港任务，T2航站楼主要负责四川航空公司航班、国际航班以外的进出港任务。

如果在机场遇到什么问题，可以求助机场问询柜台。如果有效证件遗失了，可以在警务室办理临时身份证件。

温馨提示：行李过重旅客，登机口较远旅客可选择自费乘坐候机厅内捷运车快速达到登机口（10元/人），有人陪伴年迈（年满70周岁以上）、残患旅客可免费乘坐，陪伴人收费。

二、双流机场无障碍设施

T2航站楼停车场设有无障碍停车位，残疾人出示残疾人证免费停放

无障碍电梯

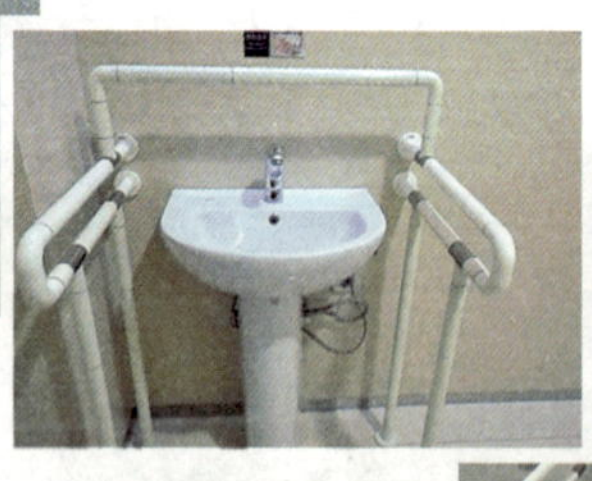

独立的无障碍卫生间、无障碍厕位

三、乘机攻略

（1）申请轮椅服务：轮椅旅客必须在航班离站48 小时以前向所乘坐的本次航班的航空公司提出轮椅申请，并在该航班开始办理乘机手续1 小时前来到承运人或承运代理人柜台办理乘机手续（**注：后面有具体的规定细则**）。无自理能力轮椅旅客在整个旅途过程中，必须有家属或其监护人陪同。

（2）停车：成都双流机场有无障碍停车位，而且凭残疾证是免费停车。

（3）安检：残障人士有专门的无障碍通道，可以很顺利地通过安检。

（4）候机厅内捷运车残障旅客免费乘坐，可以乘坐至登机口。

（5）申请轮椅服务的特殊旅客，可先登机，最后下机。

温馨提示：相关情况可直接咨询各航空公司服务电话

航空公司	服务电话
中国国际航空（CA）	95583
东方航班（MU）	95530
南方航空（CZ）	95539
四川航空（3U）	95378
深圳航空（ZH）	95080
海南航空（HU）	95339
厦门航空（MF）	95557
上海航空（FM）	95530
春秋航空（9C）	95524
山东航空（SC）	95369
成都航空（EU）	028-66668888
长龙航空（GJ）	0571-89999999

祥鹏航空（8L）	95071950
联合航空（KN）	400-102-6666
奥凯航空（BK）	400-066-8866
吉祥航空（HO）	400-700-6000
河北航空（NS）	0311-96699
西藏航空（TV）	400-808-9188
昆明航空（KY）	400-887-6737
东海航空（DZ）	4000-888-666
华夏航空（G5）	400-600-6633
天津航空（GS）	95350
瑞丽航空（DR）	400-005-9999
首都航空（JD）	95071999
青岛航空（QW）	0532-96630
乌鲁木齐航空（UQ）	95071059

双流机场地服公司国内航班特殊旅客须知

特殊旅客包括重要旅客，病残旅客（病患〈伤〉旅客、担架旅客、轮椅旅客、盲人/聋哑人旅客），无成人陪伴儿童，老年人旅客，孕妇旅客，婴儿旅客，犯罪嫌疑人及其押解人员，特殊餐饮旅客，酒醉旅客，额外占座旅客，机要交通员、外交信使和保密旅客。

注：成人是指年满18周岁且具有完全民事行为能力人。

限制承运范围

婴儿、无成人陪伴儿童、患病旅客、残疾人旅客、孕妇、犯人（含犯罪嫌疑人）、轮椅旅客、担架旅客等特殊旅客，只有在符合承运人及其有关承运人规定的条件下，经承运人及其有关承运人预先同意并在必要时做出安排后予以承运。

担架旅客运输条件

担架旅客受严格的载运限制。承运人每一航班的每一航段上，只限载运一名担架旅客。需承运的担架旅客，除满足承运人病残旅客承运需具备的条件外，还应符合下列规定：

担架旅客至少应提前2 天购票（不含航班起飞当日）。

担架旅客必须至少有一名医生或者护理人员陪同旅行。

处于休克状态的担架旅客拒绝承运。

当航班上有VIP 时，不承运担架旅客。

原则上不同意拆座椅，担架旅客机上要求躺卧时的总长度不超过152厘米，且不影响其他旅客的舒适为宜。

担架旅客若有其他特殊保障需要，只能在出票时提出。若需要拆卸座椅，受理的售票处必须经承运人同意，方可受理。

如担架尺寸大于152厘米且需要在飞机上放置担架的，需要拆卸座椅进行保障。旅客本人必须购买9 张正常票价客票。

对于需要在飞机上放置担架且尺寸小于152厘米的，无需拆卸座椅，将担架固定于三排座椅上。旅客本人须按照以上第9项规定购买客票。

原则上担架旅客不办理联程航班业务。

根据中国民航CCAR121.574 条的规定，不允许旅客私自携带氧气袋乘机，需要时可使用机上专用医疗氧气设备。目前承运人飞机上没有配备专用医疗氧气设备。在专用医疗氧气设备没有到位前，如旅客需要使用机上氧气瓶应在定座购票时事先提出申请，须经承运人同意并预先做出安排，承运人视情在飞机上可多配或者目的地补充氧气的方式，以确保飞机到达目的地后的适航性。

担架旅客的免费行李额为60千克。担架旅客自备的担架及其辅助设备不计入免费行李额，可免费运输。

轮椅旅客运输条件

轮椅分类：

WCHC（WHEELCHAIR FOR CABIN SEAT）轮椅——用以到达或者离开客舱座位。即旅客自己完全不能行动，需要一定的工具帮助他从候机室到达或者离开飞机旁，上下客梯和到达或者离开客舱座位（此类轮椅旅客被视为无自理能力轮椅旅客，运输受到严格限制）。

WCHS（WHEELCHAIR FOR STEP）轮椅——用以上下客梯。即旅客可以自己走到或者离开客舱座位，需要一定的工具帮助他上下客梯和从候机室到达或者离开飞机旁（此类轮椅旅客被视为有半自理能力轮椅旅客，运输受到一定限制）。

WCHR（WHEELCHAIR FOR RAMP）轮椅——用以通过停机坪。旅客可以自己走到或者离开客舱座位和上下客梯，仅需一定的工具，帮助他从候机室到达或者离开飞机旁（此类轮椅旅客被视为有自理能力轮椅旅客，运输不受限制）。

承运人每一航班的每一航段上，无自理能力轮椅旅客（WCHC）和/或无成人陪伴同行的半自理能力轮椅旅客（WCHS），A319/A320只限2名，且不能与担架旅客在同一架飞机上承运；有成人陪伴同行的半自理能力轮椅旅客（WCHS），A319/A320限载5名；有自理能力轮椅旅客（WCHR）不限数量，也不限机型。轮椅旅客的承运条件，除满足病残旅客承运需要具备的相应条件外，还需符合下列规定：

只在机场地面和/上下飞机时需要帮助的残疾轮椅旅客，可不需要提供《诊断证明书》，应根据无自理能力残疾轮椅旅客（WCHC）、半自理能力残疾轮椅旅客（WCHS）、有自理能力残疾轮椅旅客（WCHR），分别填写适用的《乘机申请书》，以便承运人做好相应的服务保障安排。

无自理能力轮椅旅客在整个旅途过程中，必须有家属或其监护人陪同。

如该轮椅旅客是病患旅客（肢体严重受伤或者损伤），属于限制运输的范围，除在定座购票时填写适用的《乘机申请书》外，还须在定座购票以及办理乘机手续时交验《诊断证明书》。

无自理能力轮椅旅客，以及旅客携带的轮椅或者其他辅助设备的电池为危险品材料，需要承运人妥善包装，旅客必须在航班离站48

小时以前提出并得到承运人明确给予承运的答复，并在该航班开始办理乘机手续1 小时前来到承运人或承运代理人柜台办理乘机手续。

自带轮椅可免费运输，可作为托运行李装在货舱内。

盲人/聋哑旅客运输条件：

不满16周岁的盲人或者不满16周岁的聋哑人单独乘机，承运人不予承运。

盲人或者聋哑人的承运条件，除满足病残旅客承运需要具备的相应条件外， 还需符合下列规定。

盲人或者聋哑人在航空旅行过程有成人陪伴同行，该盲人或者聋哑人按一般旅客运输（此类旅客运输不受限制）。

单独旅行的盲人或者单独旅行的聋哑人，必须在定座时提出申请，经承运人同意后，在航班离站前48 小时内购票（此类旅客运输受限制）。

单独旅行的盲人旅客，必须具备自己走动、能够照料自己、在进食时不需要其他人帮助的能力。

无成人陪伴的盲人旅客或者无成人陪伴的聋哑人旅客，应由其家属或者他的照料人在始发站陪送到上机地点，在到达站在下机地点予以迎接。

盲人如需携带导盲犬或者聋人如需携带助听犬，必须在申请定座时提出，经承运人同意方可携带。

盲人携带的导盲犬或者聋人携带的助听犬应具备必要的检疫注射证明和检疫证明书。在申请定座和办理乘机手续时，应向承运人出示此种证明。

导盲犬或者助听犬经承运人同意可免费携带进入客舱或者装在货舱内运输，连同其容器和食物，可以免费运输而不计算在免费行李额内。但是，在中途不降停的长距离飞行航班上，承运人不接受导盲犬或者助听犬的运输。

带进客舱的导盲犬或者助听犬，须在上飞机前为其戴上扣套和系上牵引绳索，并不得占用座位和让其任意跑动。同一客舱内只能装运一只导盲犬或者一只助听犬。

装在货舱内运输的导盲犬或者助听犬，其容器必须坚固。该容器应当能防止导盲犬或者助听犬破坏、逃逸和伸出容器外，并能防止粪便渗溢，以免污染飞机设备和其他物品。

单独旅行的盲人/聋哑人旅客或者盲人携带的导盲犬或者聋人携带的助听犬，如为联程运输，应取得有关承运人的同意后方可受理。

无成人陪伴儿童运输条件：

无成人陪伴儿童（亦称无伴儿童）是指年龄满5周岁但不满12周岁，没有年满18周岁且有民事行为能力的成年人陪伴乘机的儿童。

无成人陪伴儿童应由儿童的父母或监护人陪送到乘机地点，并在儿童的下机地点安排人予以迎接和照料，并提供接送人姓名、地址和联系电话号码。

无成人陪伴儿童的承运必须在定座时预先向始发站承运人的售票部门提出，其座位必须根据我公司相关承运规定得到确认。

承运人仅接受不换机的情况下的无成人陪伴儿童的运输。运输的全航程包括两个或两个以上航段时，不论是由同一个承运人或由不同的承运人承运，在航班经停站，应由儿童的父母或监护人安排人员予以接送和照料，并应提供接送人的姓名和联系地址、电话。

儿童的父母或监护人，在上述航班衔接站安排人接送有困难，而要求由承运人或当地雇请服务人员照料儿童时，应预先提出并经承运人同意后，方可接受运输。

儿童父母或监护人应向承运人提供在航班到达站安排的接送人姓名、联系地址、电话，售票人员应向接送人核实后方可接受。

由于承运人对无成人陪伴儿童负有责任并需提供特殊服务和照顾，对同一航班的其他旅客会有一定的影响，所以每一航班运送的无成人陪伴儿童数量应有一定的限制。

老年人旅客运输条件：

根据《中华人民共和国老年人权益保障法》第二条规定，老年人是指六十周岁以上的公民。

老人应由陪护人协助办理乘机手续，并在到达地点安排人员予以迎接和照料。运输的全航程包括两个或两个以上航段时，在航班经停站，应由陪护人员安排人员予以接送和照料，并提供接送人员的姓名和联系地址、电话。

如老人的陪护人，在上述航班经停地点安排人员有困难，而要求由承运人或地面代理人服务人员照料老人时，应预先提出并经承运人同意后，方可接受运输。

孕妇旅客运输条件：

怀孕不足8个月（32 周）的孕妇乘机，除医生诊断不适宜乘机者外，在提出乘机申请时应填写《特殊旅客（孕妇）乘机申请书》，按一般旅客接受运输（此类旅客运输不受限制）。

怀孕超过8个月（32 周）（含）但不足9个月（36 周）的健康孕妇，如有特殊情况需要乘机，应在乘机前72 小时内交验由县、市级或者相当于这一级（如国家二甲级）以上医疗单位盖章和医生签字的“诊断证明书”，且注明在XX 日前适宜乘机有效。《诊断证明书》的内容包括旅客姓名、年龄、怀孕时期、预产期、航程和日期、适应于乘机以及在机上需要提供特殊照料的事项， 经承运人同意后方可购票乘机（此类旅客运输受限制）。

下列情况，承运人不予承运：

怀孕9个月（36周）（含）以上者；

预产日期在4 周（含）以内者；

预产期临近但无法确定准确日期，已知为多胎分娩或者预计有分娩并发症者；

产后不足7天者。

注：由于飞机是在高空飞行，高空空气中氧相对减少，气压降低。因此，对孕妇乘坐飞机有一定的限制条件。尽管有研究表明妊娠期的任何阶段乘坐飞机都是安全的，但是，为了慎重起见，各承运人通常对孕妇乘机制定了一些运输规定，只有符合运输规定的孕妇，承运人方可接受其乘机。

只要无需医疗照顾，怀孕的乘客同样可以享受旅行。然而，怀孕期达到或超过32周的乘客需要提供一份在乘机前72小时以内填开的医疗诊断证明。

婴儿旅客运输条件：

出生不足14天的婴儿和出生不足90天的早产婴儿，承运人不予承运。

注：由于新生儿的抵抗力差，呼吸功能不完善，咽鼓管又较短，鼻咽部常有黏液阻塞，飞机升降时气压变化大，对身体刺激大，新生儿又不会做吞咽动作，难以保持鼓膜内外压力平衡，因此，对婴儿乘坐飞机要有一定的限制条件，承运人规定上述婴儿不能乘机。

不满两岁的婴儿按正常票价的10%购票，不占座位。

婴儿应由年满十八周岁以上成人携带方可。每一成人只能携带一名按正常票价的10%购票的婴儿，超过数量的婴儿应按正常票价的50%购票，并单独占座位。

婴儿免费行李额为10公斤。

为便于运行控制、保证旅客的服务质量，一般以每名乘务员服务5名婴儿为标准，对婴儿的承运数量进行限制：A319/A320机型，最大承运婴儿数量为20名。

限制承运特殊旅客乘机文件：

乘机申请书

《特殊旅客服务需求单》可简称为《乘机申请书》或《特殊旅客乘机申请书》，是提供特殊旅客信息，始发站、经停站和目的站为特殊旅客实施服务的依据。

《乘机申请书》由有服务需求的特殊旅客，在向承运人售票处、授权售票处提出乘机申请时，由旅客或其监护人代为填写。

诊断证明书

《诊断证明书》是证明病患旅客等受载运限制的特殊旅客适于乘机的健康条件的书面证明文件。内容包括旅客乘机所需申明的详细信息，从航空医学上对机上条件及何种状况的病人一般不适于航空旅行的说明资料供院方诊断参考。

《诊断证明书》由旅客在承运人售票处或者授权代理人处定座、购票时申领和交付，由县、市级或者相当于这一级（如国家二甲级）以上医疗单位医师签字、医疗单位盖章，方为有效。病患旅客办理乘机手续时，必须出示《诊断证明书》。

《诊断证明书》必须包括防止该疾病或传染病扩散所必须遵守的条件，且在承运人规定的时间内填开的方为有效。

其他

限制承运出港特殊旅客在备齐以上乘机手续后，请到指定值机柜台办理乘机手续或寻求现场导乘人员协助办理，并由地面服务人员送至机上，与机组完成乘机手续交接后，完成服务。

限制承运进港特殊旅客在地面服务人员与机组人员完成乘机手续交接后，并依据《特殊旅客服务单》清点随身物品后由地面服务人员全程引领至国际或国内到达出口，并与接机家属当面完成特殊旅客的交接手续后，由接机家属签字确认，完成服务。

以上说明如有不全之处，请向现场承运人或机场代理工作人员详询。

第二章 景区篇

JINGQU PIAN

据统计我国有8500万多名残障人士，可我们日常生活中，却很难见到残障人士的影子。不是残障人士不愿意走出家门，而是我国现行的无障碍环境不方便残障人士随意出行。近年来，国家颁布了《无障碍设计规范》《景区开放管理办法》《旅游法》等一系列法律、法规，促进无障碍环境建设初步发展，但很多地方还有待完善。

四川省政府在落实《中华人民共和国残疾人保障法》的相关规定中明确指出："残疾人凭残疾人证免费进入对公众开放的公园、动物园、植物园、纪念馆、美术馆、展览馆、博物馆、体育场（馆）、文化活动中心、体育活动中心、文物古迹遗址、风景名胜区、自然保护区等参观游览，对盲人和重度肢体、智力、精神残疾人，允许一名陪护人员免费进入上述场所。"虽然残障人士有权利参与社会活动，享受社会发展的成果，但是由于景区、公共场所等地方的无障碍建设依然存在问题，社会对无障碍环境建设不重视，残障人士外出游玩依然十分困难。为了唤起全社会对残疾人士旅游事业和景区无障碍规划及建设的重视，也为了给残疾人士出行提供便利。"圆梦之旅"通过组织残障人士实地考察四川省主要景区以了解各景区的无障碍设施建设、管理、使用情况。本章将对相关景区概况进行简要介绍，对考察结果进行呈现，并根据考察结果提出无障碍出行建议，这样能鼓励和帮助更多的残障人士走出家门，享受社会发展的成果。

景区篇

第一节 成都武侯祠

武侯祠位于成都市武侯区武侯祠大街231 号，它是中国唯一的一座君臣合祀祠庙和最负盛名的诸葛亮、刘备及蜀汉英雄纪念地，也是全国影响最大的三国遗迹博物馆。武侯祠博物馆现分文物区、西区和锦里三部分，面积230亩（15万平方米）整体分为三国历史遗迹区、锦里民俗区、三国文化体验区三大板块。武侯祠作为成都市区的主要景点，也是到成都游玩必到景区之一。从总体上看，景区较为平坦，具有浓厚的三国文化底蕴，残障朋友能够深切感受三国文化，为了保持景区的古貌，只能适当加设无障碍设施，一些景点不方便轮椅朋友近距离观赏。

温馨提示：停车场有4个免费的无障碍停车位；南门有无障碍通道；景区内没有盲道和手语服务，扫描景区中二维码可以下载APP，里面有语音导游，患有视力和言语障碍的朋友建议在家人的陪伴下参观。

一、实用信息

武侯祠景区无障碍出行指南图

无障碍设施	调研结果	备注
停车场	有残疾人停车位（4个）	免费
主要出入口	南门	有无障碍通道
无障碍厕所	图中所标注的厕所都有无障碍设施	无障碍设施不规范
盲道、手语服务	无	
语音播报	景区有免费WIFI，下载APP可以免费听	导游收费
轮椅	有	游客中心在维修
门票	残疾人免费	重度残疾人可带陪护
电梯	4号电梯（地下停车场通往景区）	

电话：028-85552397；028-85535951；028-85588596

网址：http://www.wuhouci.net.cn/

交通：乘1、57、82、334、335 路至武侯祠站下车；乘8、21路至武侯祠东街站下车

门票：通票60元，学生票30元，家庭套票120元

开放时间：旺季8:00-21:30（7月1日-10月7日），淡季8:00-18:30（10月8日-次年6月30日）

游玩时间：建议2-3个小时

食宿：附近的锦里古街有许多独具特色的小吃和娱乐场所，景区周边有各种档次的酒店。

二、实地考察结果

无障碍停车位（第二次调研时，地上停车场已经废弃，统一停在地下停车场。离电梯最近的地方有无障碍停车位）

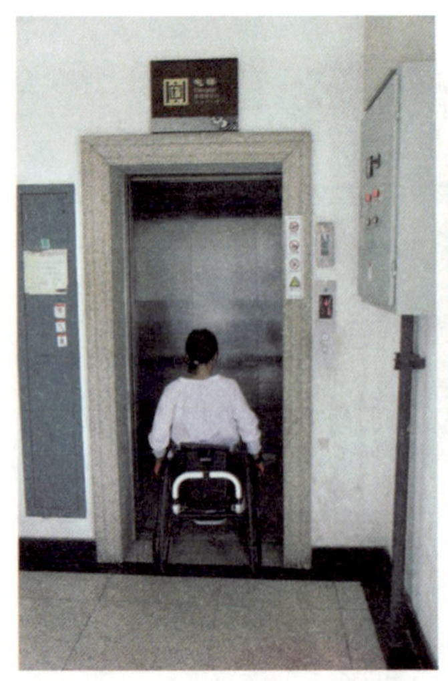

无障碍电梯

地下停车场通往景区的无障碍电梯

成都著名的锦官深处——“红墙竹影”就在这里，不要忘记拍照留念

中门（第二次调研情况）随着无障碍的宣导，景区也在不断完善无障碍设施，第二次去调研的时候，已经安装了方便供轮椅出入的宽闸门。

景区正门

景区正门

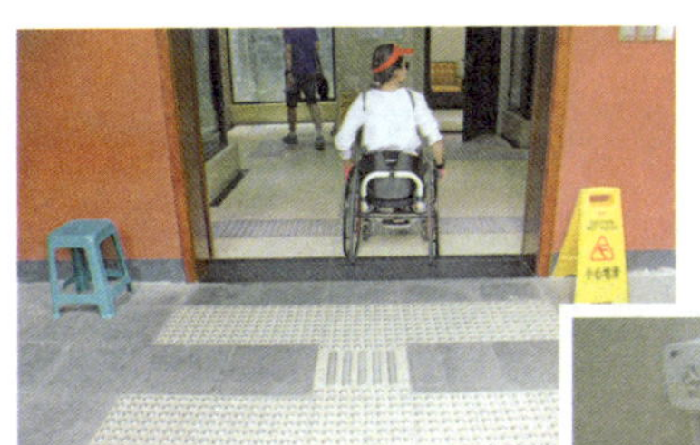

公共卫生间、无障碍卫生间（卫生间皆有盲道）

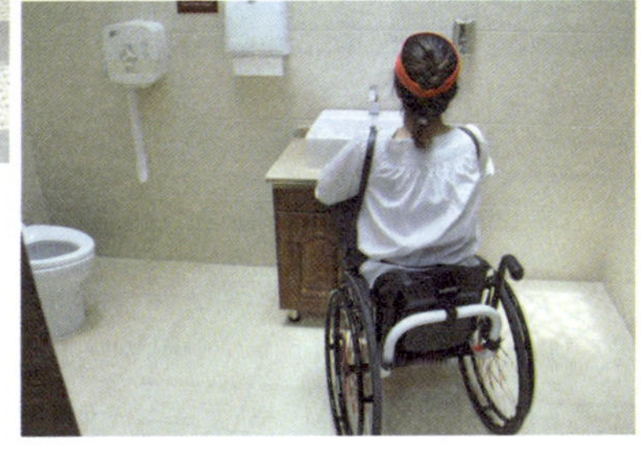

洗手盆（没有扶手，洗手台下方没有足够的回旋空间，轮椅朋友使用的时候需要注意）

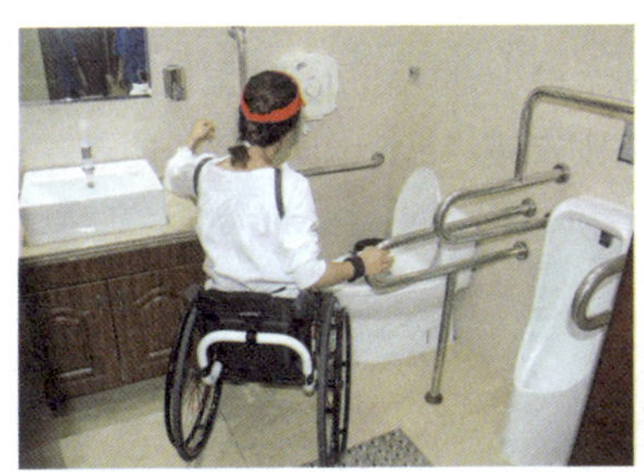

无障碍厕位（L形扶手离马桶太远，不方便轮椅朋友抓握）

低位洗手盆

贴心提示：无障碍厕所的外门锁住时，可请保洁人员协助打开。

第二节 锦里

锦里位于成都市武侯区武侯祠大街231号，它曾是西蜀历史上最古老、最具有商业气息的街道之一，早在秦汉、三国时期便闻名全国。现在，作为成都武侯祠博物馆（三国历史遗迹区、锦里民俗区、西区）的一部分，是以明末清初川西民居作外衣，三国文化与成都民俗作内涵，集旅游购物、休闲娱乐为一体的商业旅游街。在这条街上，浓缩了成都生活的精华：有茶楼、客栈、酒楼、酒吧、戏台、风味小吃、工艺品、土特产，充分展现了三国文化和四川民风民俗的独特魅力。锦里周边交通方便，地铁、公交都能到达。这里长期游客众多，节假日十分拥挤，建议残障朋友错峰出行。同时锦里的老街通道地面不平，商铺大部分是有台阶，轮椅族、拄拐者、视障朋友要特别留心。

温馨提示：景区正门有无障碍通道；景区内没有盲道和手语服务，无障碍厕所不完善，建议残障朋友在亲友陪同下游览景区和使用无障碍厕所。

刘湘墓
荐馨店
南北
朝银杏
复观堂
锦里
C2无障
碍厕所
碑亭
C1无障
碍厕所
成都武侯祠博物馆
西区
汉昭
烈庙
过厅
锦里
文物区
明碑
陈列馆
C3无障
碍厕所
南郊
公园
正门
里:推荐指数
荐线路

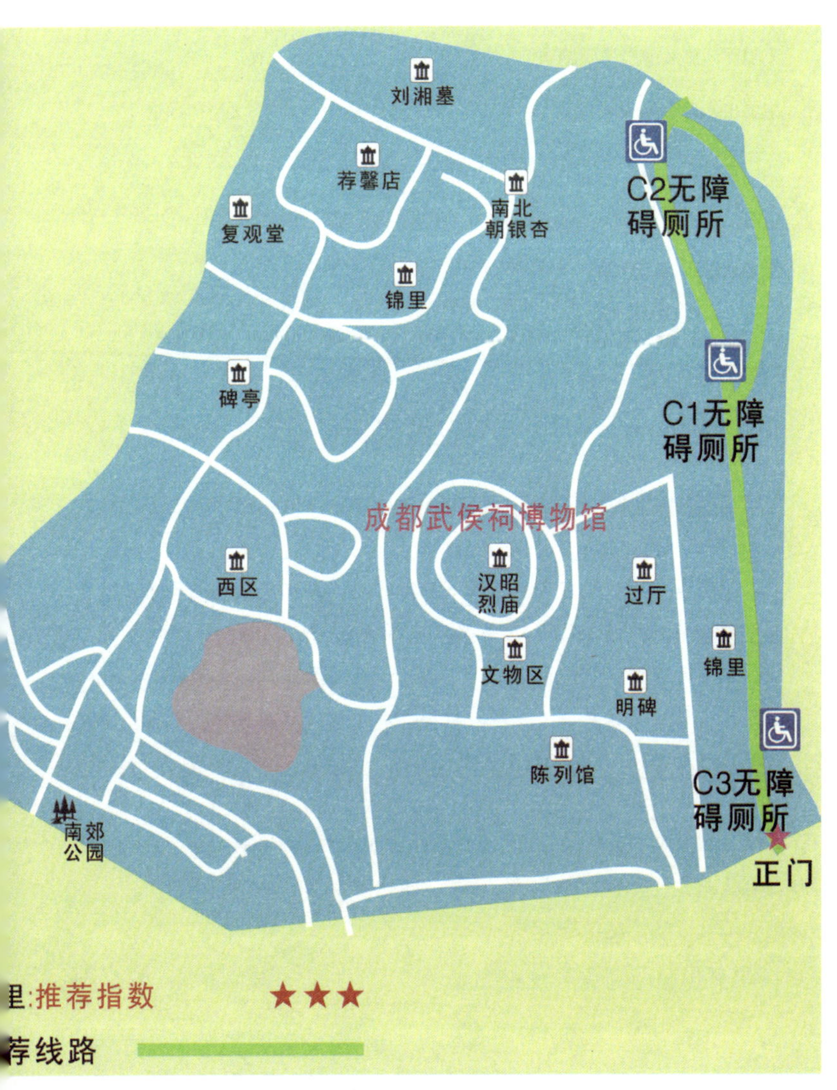

锦里无障碍出行指南图

无障碍设施	调研结果	备注
主要出入口	正门	有无障碍通道
无障碍厕所	图中所标注的厕所都有无障碍设施	无障碍设施不规范
盲道、手语服务	无	
语音播报	无	
轮椅	无	
门票	免费	

电话：028-66311313；028-85511800；028-85538914

网址：http://www.cdjinli.com

交通：锦里位于成都市中心一环路以内，成都武侯祠大街中段，北邻锦江，东望彩虹桥，与著名的武侯祠仅一墙之隔，临武侯祠大街，此街可直达市中心天府广场，西接一环路西一段，东邻浆洗街洗面桥街（商务办公为主），该片区属于政府的“三国文化”打造区。公交1、57、304、306、335路可直达。

门票：免费

开放时间：5:00-23:00（小吃街晚上10点左右就会关门，部分酒吧通宵营业）

游玩时间：建议2-3小时

二、实地考察结果

景区临街牌坊

低位洗手盆

卫生间有无障碍厕位

无障碍厕位

第三节 成都百花潭公园

百花潭公园位于青羊区一环路西二段175号(芳邻路)，在成都市区西部的通惠门外，它是成都的老公园之一，园中有巴金的故居名慧园，园内还有一个盆景区，可欣赏到各式川派盆景。此外还有一座模仿九寨沟风景区诺日朗瀑布和五彩池秀丽风光而建的假山飞瀑。景区南门有无障碍停车位，西门有停车场无专用车位，出示残疾证可免费停车；景区东、南两个大门有无障碍通道，北、东、南、西门已设无障碍厕位，轮椅可入，但均未设低位洗手盆，北门前坡道较陡，出入需注意安全；公园内部少部分景点有门槛或台阶，不方便轮椅朋友近距离观赏。残障朋友在游完百花潭公园，也能便利的到达附近的青羊宫、杜甫草堂。

贴心提示：南门有无障碍停车位，无障碍出入口，建议行动不便者从南门进入。

一、实用信息

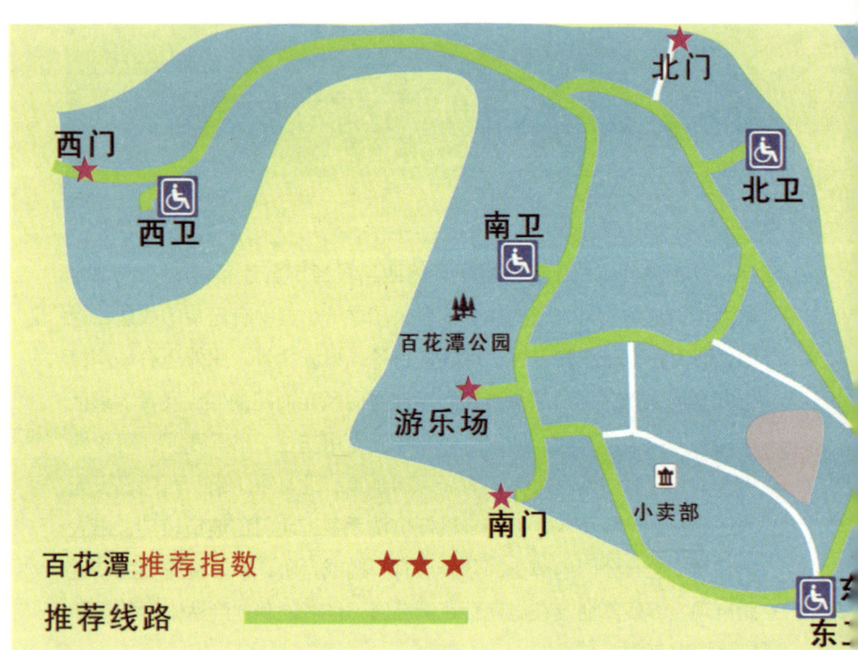

无障碍设施名称	无障碍设施情况	备注
无障碍停车位	有	南门停车场有无障碍停车位，西门无专用车位，出示残疾证可免停车费。
景点无障碍出入口	有	东、南两大门是无障碍出口，西大门无障碍出口可走停车场，北大门没有无障碍出口且有很多级台阶和门槛。
无障碍厕所（独立卫生间）	无	

无障碍厕位	有	北、东、南、西门已设无障碍厕位，但未设低位洗手盆，卫生间轮椅可入。北卫门前坡道较陡，要注意安全。
无障碍通道	有	景区内大部分道路都是无障碍的，个别景点需人帮助才能进入。
电梯	无	
缘石坡道	有	
主要景点	有	部分景点有门槛或台阶。儿童乐园轮椅可进入。
导盲服务	无	
手语服务	无	
无障碍标识	有	

电话：028-87014534

交通：经过公园的公交车主要有34路（火车北站出发，顺时针绕一环路火车北站）、82路（黄忠小区—九眼桥）、35路（城东客运站—三圣寺）、42路（逸都花园—猛追湾）、17路（百花中心站—苏坡桥）、25路（百花中心站—八里小区）、59路（武侯祠—洞子口）、84路（苏坡桥—石羊场中心站）、302路（武侯祠—青龙场中心站）、5路（十陵公交站—金沙公交站）、58路（五桂桥—万家湾）

门票：免费

开放时间：全天

游玩：建议2-3小时

二、实地考察结果

景区北大门(景区南门、东门有无障碍设施方便轮椅朋友出入)

景区东门（侧面有无障碍通道）

东门无障碍通道

南门停车场入口（南门停车场有两个无障碍停车位），西门没有无障碍停车位，出示证件免收残障人士停车费

北门卫生间

低位洗手盆

厕位的L形、U形扶手（标准的无障碍厕位）

第四节 杜甫草堂

杜甫草堂位于成都市青羊区青华路37号，它坐落于浣花溪畔，是中国唐代大诗人杜甫流寓成都时的故居。杜甫草堂占地面积近300亩，完整保留着明弘治十三年（1500）和清嘉庆十六年（1811）修葺扩建时的建筑格局，建筑古朴典雅、园林清幽秀丽，是中国文学史上的一块圣地。

温馨提示：北门地下停车场有无障碍停车位，大车停在南门停车场，且通往地下停车场有电梯和轮椅通道；北门与南门有无障碍进出口，有独立的无障碍卫生间（详见出行指南图卫1和卫2），有无障碍厕位（卫3）；景区内有无障碍标识；唐代遗址为无障碍景点，其他景点均有台阶，轮椅朋友建议在亲友陪同下参观。

一、实用信息

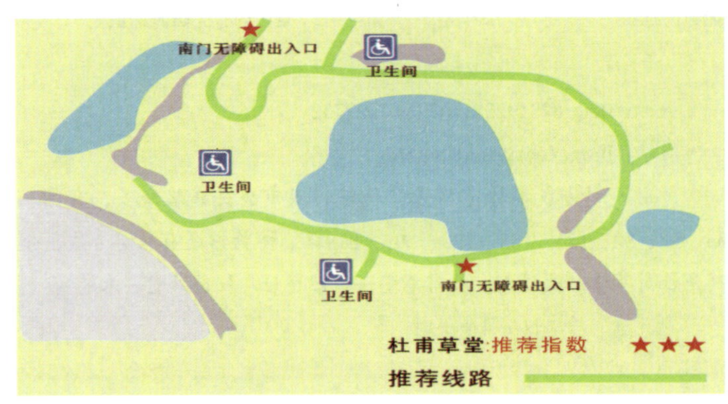

无障碍设施名称	无障碍设施情况	备注
无障碍停车位	有	北门地下停车场有无障碍停车位，大车请停南门停车场。
景点无障碍出入口	有	北门与南门有无障碍进出口，无低位售票窗口，南边正门没有无障碍出入口。
无障碍厕所（独立卫生间）	有	有独立无障碍卫生间（卫1、卫2）。
无障碍厕位	有	有无障碍厕位（卫3）。
无障碍通道	有	景区内主通道个别地方存在两三步台阶但可以从旁边道路绕过去。
电梯	有	通往地下停车场有电梯。
缘石坡道	有	通往地下停车场有轮椅坡道。
主要景点	无	室内景点除唐代遗址是无障碍的外，其他均有台阶。
导盲服务	无	
手语服务	无	
无障碍标识	有	景区内有无障碍标识。

电话：028-87319258；028-87327732

网址：http://www.cddfct.com

交通：到达成都杜甫草堂博物馆的城市公交线路众多，有19、35、58、82、151、165、170、309、319路。博物馆还有旅游专线，分别是杜甫草堂—武侯祠、杜甫草堂—金沙遗址、杜甫草堂—永陵。

游玩时间：建议3-4个小时

二、实地考察结果

西南门有无障碍通道

南门停车场没有无障碍车位但残疾人出示证件免费，北门停车场也没有无障碍停车位，通往地下停车场有轮椅坡道，也有无障碍电梯

无障碍厕所（杜甫草堂的卫生间设有休息区，门上还有挂钩，无障碍卫生间门是向外开的，标准的无障碍卫生间）

贴心提示：无障碍厕所的外门锁住时，可请保洁人员协助打开。

茅屋前通道（草堂是主要景点，通道都是由鹅卵石铺设而成，轮椅朋友自己很难通过，需要他人协助）

第五节 浣花溪公园

浣花溪公园位于成都市青羊区青华路9号，它是浣花溪历史文化风景区的核心区域，北接杜甫草堂，东连四川博物院，占地32.32公顷，建设总投资1.2亿元，是成都市一座开放性城市森林公园，被评为成都市唯一的五星级公园。

浣花溪公园以杜甫草堂的历史文化内涵为背景，运用现代园林和建筑设计的前沿理论，以自然雅致的景观和建筑凸现川西文化醇厚的历史底蕴，是一座集自然景观和城市景观、古典园林和现代建筑艺术为一体的城市公园。园内山水交融，花草树木绿荫蔽日，由万树山、沧浪湖和白鹭洲三大景点组成，浣花溪和干河两条河流穿园而过，形象演绎了杜甫的诗意韵味。总体来看，浣花溪公园中主要景点均可无障碍通行，部分路面石板间隙较大或铺的鹅卵石使得坐轮椅时有所不便，且部分路段有比较陡的长坡道，建议轮椅朋友找亲友协助，该公园非常适合残障朋友全家出游。

温馨提示：车可停在杜甫草堂停车场（停大车）或者南门万竹广场停车场；景区所有大门均是无障碍出入口，但西北门比较小，不建议轮椅朋友走西北门；有无障碍卫生间，且卫生间有带扶手马桶与带扶手洗手盆（详见出行指南图卫1、卫3）；南门万竹广场附近卫2有无障碍厕位，但无低位洗手台。

车可停在杜甫草堂停车场。

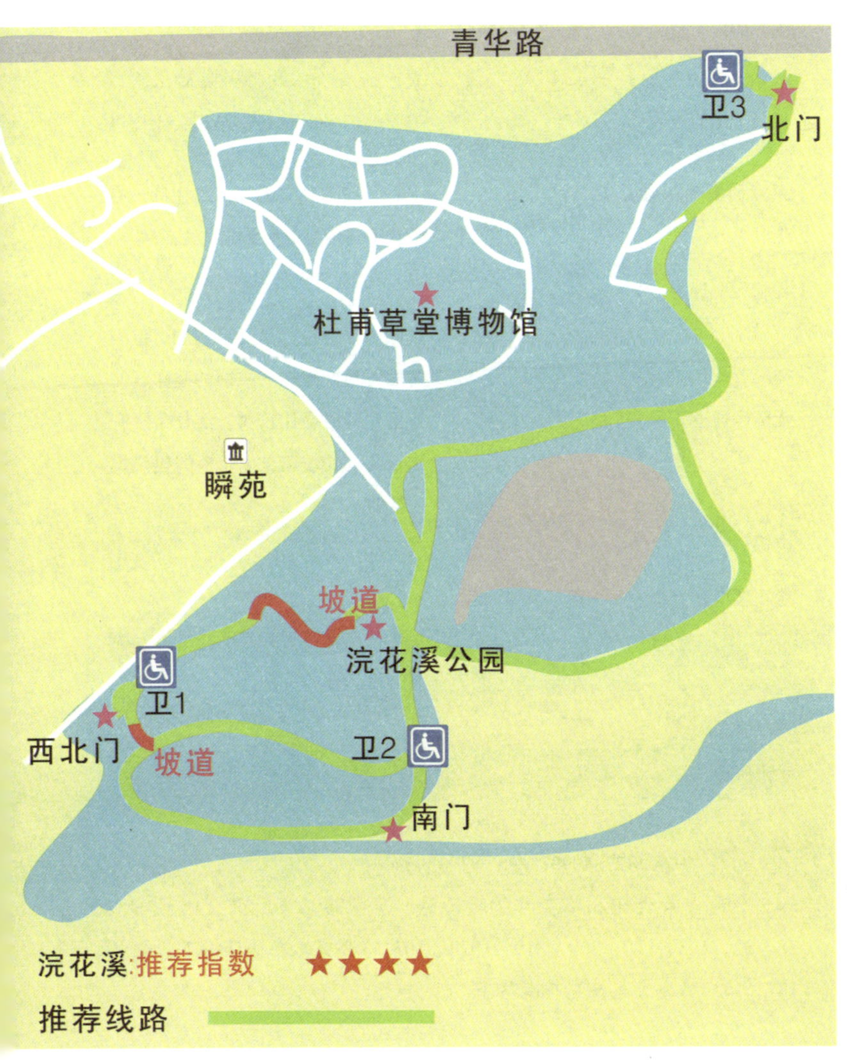

浣花溪公园无障碍出行指南图

无障碍设施名称	无障碍设施情况	备注
无障碍停车位	无	车可停在杜甫草堂停车场或者南门万竹广场停车场。
景点无障碍出入口	有	景区所有大门均是无障碍出入口（西北门平时只开了小门，轮椅进出不便）
无障碍厕所（独立卫生间）	有	卫1、卫3为独立无障碍卫生间，有带扶手马桶与带扶手洗手盆。
无障碍厕位	有	南门万竹广场附近卫2有无障碍厕位，无低位洗手台。
无障碍通道	有	景区内主通道都是无障碍的，但因路面石板间隙较大或铺的鹅卵石使得坐轮椅时会比较抖。部分路段有比较陡的长坡道，坐轮椅的建议找人帮助。
电梯	无	
缘石坡道	有	
主要景点	有	主要景点均可无障碍通行，但无法上山和下湖。
导盲服务	无	
手语服务	无	

电话：028-87384099；028-87733454

交通：乘坐1024路在草堂路西站、草堂路站下，乘坐19、35、58、82、165、170、309、319、1024、1031路公交车在送仙桥下，乘坐151、1024路公交车在浣花南路下。

门票：免费

开放时间：夏季6:00-22:00，冬季7:00-21:00

游玩时间：建议1-2小时

二、实地考察结果

景区通道（景区主要通道轮椅都可以通过）

北门有无障碍通道

西门隐藏特别深的卫生间（浣花溪公园是很多摄影基地必来的拍摄的景点，这个卫生间也是特色之一）

无障碍卫生间

第六节 四川博物院

四川博物院位于成都市青羊区浣花南路251号，是浣花溪历史文化风景区的重要组成部分，也是西南地区最大的综合性博物馆。该博物馆藏品丰富，拥有书画、陶瓷、青铜器、民族文物、工艺美术、藏传佛教、万佛寺石刻、张大千书画、汉代陶石艺术等10个重要展厅，是一个能充分感受巴蜀文化历史的场所，也是具有教育意义的场所。该博物馆整体为无障碍景区，可全程无障碍游览，内设无障碍电梯、无障碍卫生间，无障碍轮椅坡道、母婴哺乳室等，并免费提供轮椅（共有 4 台可借），可以为盲人有偿提供语音播报设备（押金300元，语音播报20元/3小时）。

温馨提示：东大门有无障碍通道，有停车场但是没有无障碍停车位，凭残疾证可免费停车，北大门西侧也有停车场，但要收费。建议东门进入博物院，馆区有无障碍厕所，无障碍厕所设置在一楼与一楼半以及二楼半，其内马桶没有安装扶手，使用时需注意安全。馆内上下楼有电梯还有轮椅坡道，服务中心可押证件借轮椅。

一、实用信息

柴门蜀郡
北大门
箐华广场
C1无障碍厕所
四川博物院
停车场
东南1门
无障碍通道
东大门

博物院:推荐指数 ★★★★★

推荐线路

博物馆无障碍出行指南图

电话：028-65521581；028-65521888；028-65521555；028-6552156

网址：http://www.scmuseum.cn

交通：乘170 路公交至浣花南路站下车可达，乘坐19、35、47、82、88、407、309A、901路等至送仙桥站下即可

门票：实行免费不免票，凭个人身份证领门票，每天限量发放参观券4000张。租讲解器20 元/ 个（需押身份证或200 元）

开放时间：周二至周日9:00-17:00（每天10:00、14:00 有免费讲解），每周一全天闭馆整修（国家法定假日除外）

游玩时间：建议2-3小时

二、实地考察结果

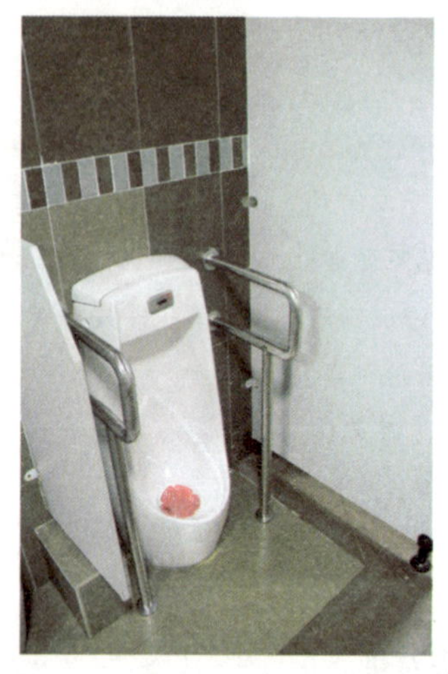

无障碍卫生间，门口有一个高 2 厘米的台阶，影响轮椅进出。无障碍卫生间中马桶没有安装扶手，没有低位洗手盆也没有设置扶手，使用时需注意安全。

贴心提示：建议去一楼卫生间，二楼、三楼卫生间均设在半层处有轮椅坡道可到达，但是由于坡度长，需要有人协助才能通过。

无障碍电梯用于上下楼（有残疾人低位按键与盲文）

巴蜀書畫精品展
展览时间：2016年8月2日开展
（上午9点至下午5点，周一闭馆）
展览地点：四川博物院二楼书画厅
展览主办：四川博物院
東
門

东门无障碍出入口

第七节 青羊宫

青羊宫位于成都市青羊区一环路西二段9号，坐落在成都西南方，是成都目前年代最为久远、规模最大的道观，现今的青羊宫建于清朝康熙年间，能充分感受道教文化。这里不是旅游团的常规路线，所以比较清静，是当地老年朋友休闲的地方。同时青羊宫与文化公园、琴台路及以西不远处的四川博物院、杜甫草堂等景点连成一片，可以一并游玩。

温馨提示：没有无障碍停车位；景区大门有无障碍通道；古建筑部分景点有台阶和门槛，不建议近距离参观；景区没有导盲、盲道、盲文、语音介绍等服务，患有视力障碍和语言障碍的朋友建议在亲友陪同下参观。

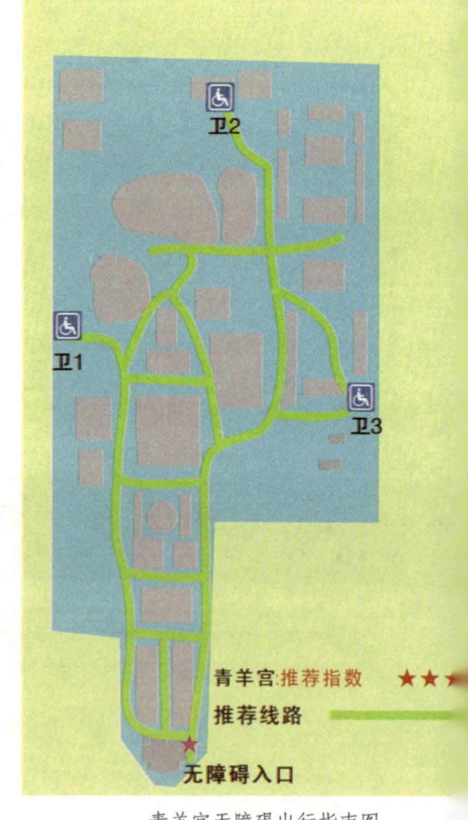

青羊宫无障碍出行指南图

一、实用信息

无障碍设施名称	无障碍设施情况	备注
无障碍停车位	无	没有专用的无障碍停车位
景点无障碍出入口	有	景区大门有无障碍通道，但需找门卫开铁门
无障碍厕所（独立卫生间）	无	没有独立无障碍卫生间
无障碍厕位	有	有无障碍厕位，卫1厕所门太窄，超过64厘米宽的轮椅无法进入。卫2的无障碍设施可以无障碍使用。景区其他厕所暂未调查或没有找到
无障碍通道	有	有无障碍通道
电梯	无	
缘石坡道	有	厕所有轮椅坡道
主要景点	有	部分景点是有障碍的
导盲服务	无	景区没有导盲、盲道、盲文、语音介绍等服务。
手语服务	无	景区没有手语服务
无障碍标识	有	除无障碍车位标识不明显之外，暂未发现其他问题

电话：028-87766584；028-87710035

游玩时间：建议1小时

交通：乘11、19、27A、27、34A、34、35、42、58、59A、59、82、129、151、165、170、309、319路公交至青羊宫站下车

门票：10元/人（2008年之前5元/人）。学生5元，60岁以上老年人和1.2米以下儿童免费

开放时间：夏季8:00-18:30，冬季8:00-18:00

二、实地考察结果

青羊宫，因为是古建筑不能破坏，侧面出口处，可以轮椅出入。

无障碍卫生间

温馨提示：使用时，需找保洁人员开门。

第八节 成都大熊猫繁育基地

成都大熊猫繁育基地位于成都市成华区外北三环熊猫大道1375号，距市区仅仅10公里。是国家实施大熊猫等濒危野生动物迁地保护工程的主要研究基础之一，国家4A级旅游景区。集大熊猫科研繁育、保护教育、熊猫文化建设为一体，有丰富的熊猫资料和相关展品，是认识大熊猫、观光旅游、休闲娱乐的极佳场所。大熊猫、小熊猫、黑颈鹤等珍稀濒危动物在这里悠然自得地生息繁衍。馆舍内、草坪上，大熊猫或卧或坐、或饮或嬉、或进或出，各得其所，令人陶醉。基地占地面积1500亩，园区面积较大，部分路段坡度较大，适合残障朋友全家出游。

一、实用信息

成都大熊猫繁育基地无障碍出行指南图

无障碍设施名称	无障碍设施情况	备注
无障碍停车位	无	没有专用的无障碍停车位
景点无障碍出入口	有	景区西南门是无障碍的
无障碍厕所（独立卫生间）	有	
无障碍厕位	有	
无障碍通道	有	有无障碍通道
电梯	有	通往游客中心、大熊猫博物馆有无障碍电梯（两侧有扶手）
缘石坡道	有	有轮椅坡道
主要景点	有	室外景点有无障碍，室内的部分没有无障碍
导盲服务	无	
手语服务	无	
无障碍标识	有	除无障碍车位标识不明显之外，暂未发现其他问题

官方网站：http://www.panda.org.cn

旅游热线：86-28-83510033

爱心捐赠：86-28-83505513

导游预约电话：86-28-83516748

旅游咨询、失物招领、投诉电话：86-28-83507814

订餐咨询电话：86-28-83533916

救援电话：86-28-83516808

传真：86-28-83516911

邮箱：pandabase@panda.org.cn

地址：中国四川省成都外北熊猫大道1375号

邮编：610081

游玩时间：建议3–5个小时

交通：

①公交线路

成都双流国际机场至成都大熊猫繁育研究基地：

乘坐双流国际机场大巴303路至“省体育馆站”，换乘99路至“动物园站”，再换乘87路或198路至“熊猫基地站”即到，全程约37公里，耗时约2小时20分钟。

成都火车北站至成都大熊猫繁育研究基地：

乘坐9路车至“动物园站”，换乘87路或198路至“熊猫基地站”即到，全程约11公里，耗时约1小时。

成都市区至成都大熊猫繁育研究基地：

市区乘坐公交到动物园公交站，换乘87路或198路至“熊猫基地站”即到。耗时约1小时30分钟。

②自驾线路

成都双流国际机场至成都大熊猫繁育研究基地：

自驾车沿机场高速进城方向行驶，在蓝天立交朝天府立交方向驶入三环路，沿三环路行驶至成绵立交桥，在成绵立交桥朝川陕立交桥方向第一个出口驶出三环路，右转驶入熊猫大道，直行即到成都大熊猫繁育研究基地，全程约37公里，耗时约40分钟。

成都火车北站至成都大熊猫繁育研究基地：

自驾车沿二环路北二段朝二环路北三段方向驶入二环路，在高笋塘路口左转沿出城方向驶入解放路直行，驶过川陕立交桥进入蓉都大道，右转驶入熊猫大道，沿熊猫大道行驶即可到成都大熊猫繁育研究基地；亦可在川陕立交桥下右转驶入三环路辅道，至成绵立交桥下掉头后在第一个出口处右转驶入熊猫大道后直行即到成都大熊猫繁育研究基地，全程约11公里，耗时约25分钟。

成都市区至成都大熊猫繁育研究基地：

自驾车从市区驶入解放路，沿出城方向驶过川陕立交桥后进入蓉都大道，右转驶入熊猫大道，沿熊猫大道行驶即可到成都大熊猫繁育研究基地，或在川陕立交桥下右转驶入三环路辅道，至成绵立交桥下掉头后在第一个出口处右转驶入熊猫大道后直行即到成都大熊猫繁育研究基地。耗时约40分钟。

③出租车指南

成都双流国际机场至成都大熊猫繁育研究基地：

搭乘出租车从双流国际机场至成都大熊猫繁育研究基地费用约为100元。费用仅供参考，未考虑等候时间堵车等因素。

成都火车北站至成都大熊猫繁育研究基地：

搭乘出租车从火车北站前往成都大熊猫繁育研究基地费用约为30元。费用仅供参考，未考虑等候时间堵车等因素。

成都市区至成都大熊猫繁育研究基地：

市中心搭乘出租车前往成都大熊猫繁育研究基地，费用约为50元。费用仅供参考，未考虑等候时间堵车等因素。

④地铁

乘坐成都地铁3号线，到熊猫大道站，出站后乘坐198路，经过7站，到达熊猫基地站（也可乘坐198A路）。

温馨提示：由于成都公交系统的无障碍设施不完善，到熊猫基地需要换乘次数较多，耗时较长。

门票：每人次 58 元

6周岁（不含6周岁）–18周岁（含18周岁）未成年人、全日制大学本科及以下学历学生购半票；

60周岁（含60周岁）至70周岁（不含70周岁）老年人（请出示老年优待证）购半票。

免票政策：

6周岁（含6周岁）以下或身高不足1.3米的儿童免票入园；

70周岁（含70周岁）以上老年人、离休人员、老红军、残疾人、现役军人凭有效证件和本人身份证免票入园（一二级残疾可免陪护一名）。

开放时间：早上8:00–下午18:00，全年开放。

游客服务：

①讲解服务

目前讲解服务站可为中外游客提供中英双语讲解服务。另外成都大熊猫繁育研究基地还可提供动植物专家为您讲解。具体详情请致电成都大熊猫繁育研究基地讲解服务站：028–83516748。

成都大熊猫繁育研究基地专职讲解员服务收费标准：

中文：1–4人　50元一次；

5–19人　100元一次；

20人或以上　按每人5元计算。

英文：1–10人　100元一次；

11人或以上　按每人10元计算。

②观光车服务

成都大熊猫繁育研究基地目前占地1500亩，游客若步行参观在3小时左右，乘坐电动观光车参观在1–2个小时左右，游客可自愿选择乘坐观光车。旅游观光车票价10元/人。观光车服务电话：13438872059，18349242976。

③便民服务

成都大熊猫繁育研究基地在游客服务中心设有“熊猫国邮政局”，为中外游客提供明信片、大熊猫主题特种纪念邮品等服务，还可以免费加盖旅游纪念印章。成都大熊猫繁育研究基地在博物馆一楼大厅设有游客服务中心，可向中外游客免费提供微波炉加热、饮用热水、婴儿车、轮椅、手杖、雨伞、针线包等便民服务。游客服务中心设有休息椅与书报栏，可供中外游客休息。

④医疗服务

熊猫基地专为游客设立了医务室（急救站），位置明显，有专职医护务人员，备有日常药品、急救箱、救护担架等，基础设施设备齐全，应急处理能力强。

在景区各类指示牌、游客中心、门票以及向游客免费发放的游览图上都明示了救援电话（028-83516808）并与附近“核工业部成都416医院”签订了运送协议。

购物：成都大熊猫繁育研究基地现有：“博物馆礼品店”“魅力剧场礼品屋”“太阳产房礼品店”“幼体活动场礼品店”四处纪念品商店。木质的房屋结构和室内装饰全部采用仿生布局，与园区内自然生态的参观环境相得益彰。纪念品屋内合理的布局和精巧的设计为中外游客营造出一个温馨的购物环境。这里有丰富多彩的熊猫主题衍生纪念品，还有大熊猫画册和DVD，如果您在参观之余还意犹未尽，不妨“把熊猫带回家”，让生命与自然之美永远陪伴着您。

二、实地考察结果

竹林坡道（有些路段坡道比较长坡度比较大，建议残障朋友有人陪同）

可爱的大熊猫

温馨提示：景区内有两个停车场，都没有无障碍停车位，收费人员说明是残疾人都会给予免费。

通往游客中心、大熊猫博物馆的无障碍电梯（没有低位按键，轮椅朋友的高度按不到）

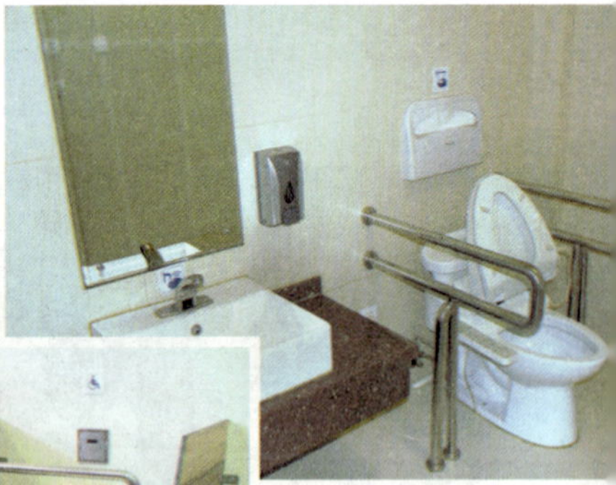

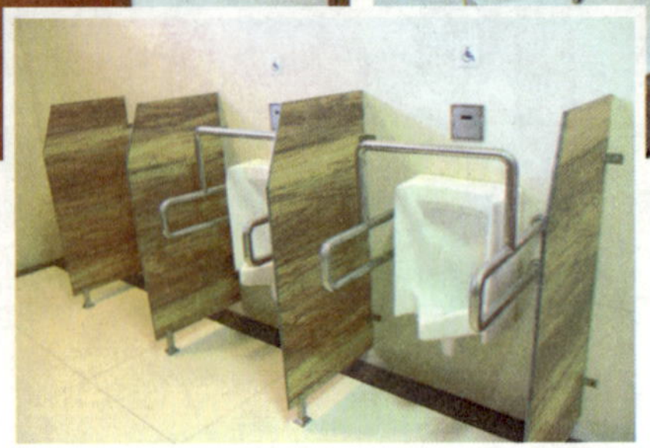

无障碍卫生间（洗手盆、马桶、小便池都设有扶手）

第九节 成都动物园

成都动物园位于成都市成华区昭觉寺北路234号，与川西名寺昭觉寺隔墙相望，先后被联合国环境规划署授予“全球500佳”荣誉称号，建设部授予“全国十佳动物园”等荣誉称号。园内的30余组各种造型新颖别致的动物馆舍散落于约17公顷的绿树、翠竹、花丛之中，展出各种兽类、两栖爬行、鸟类以及观赏金鱼等国家保护的珍稀濒危野生动物达300余种、3000多只。动物园的北大门旁有钓鱼廊、两栖爬行馆、百鸟苑，园区中部有熊猫馆、山魈叶猴馆、羚羊馆、金丝猴馆、狐猴馆、熊山、豹馆、狮馆、虎馆等，园区最里面有长颈鹿馆、大象馆、河马馆等，园区西面有企鹅馆。是带小朋友认识动物和融入自然的最佳场所之一。

贴心提示：动物园所有的通道都可以便利通行，轮椅族、拄拐者可以放心游玩。

一、实用信息

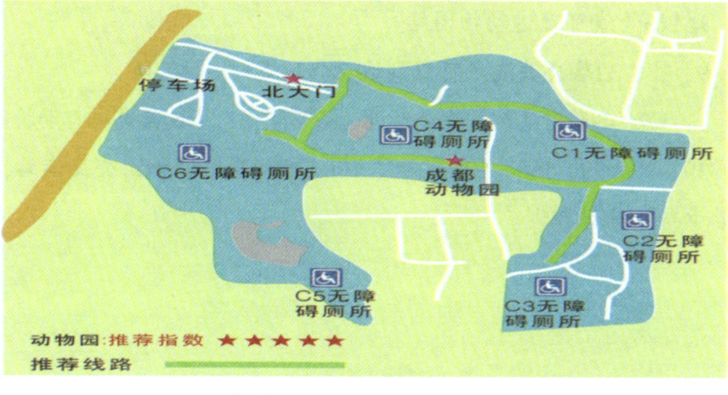

成都动物园无障碍出行指南图

无障碍设施	调研结果	备注
停车场	无残疾人停车位	收费
主要出入口	北大门	有无障碍通道
无障碍厕所	图中所标注的厕所都有无障碍设施	无障碍设施不规范
盲道、手语服务	无	
语音播报	景区提供免费WIFI，下载景区APP	
轮椅	免费提供	押金500元
门票	残疾人免费	重度残疾人可带陪护

电话：028-83516953；028-83572831

游玩时间：建议4-6小时

官方网站：http://www.cdzoo.com.cn/

开放时间：每天开放，全年无休，夏季（4-11月）：8:00-17:00冬季（12-3月）：8:30-17:00。

门票：12元

交通路线：

地铁3号线可直达动物园站。

9、18、32路公共汽车可以到达动物园正门。

1、302、49路可达昭觉寺公交站，从昭觉寺内穿过便是成都动物园。

39、70、99、150、193、198、198A路可直达动物园公交车站，下车后步行几分钟即到。

二、实地考察结果

停车场（地下停车场没有无障碍停车位，出示残疾证可以减免，从地下通往地面的行人通道是楼梯，不建议轮椅朋友停在地下停车场）

景区大门

游客中心

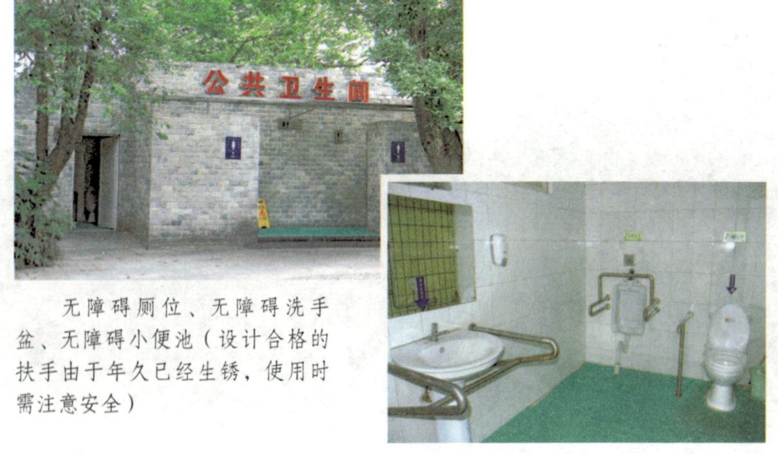

无障碍厕位、无障碍洗手盆、无障碍小便池（设计合格的扶手由于年久已经生锈，使用时需注意安全）

第十节 成都植物园

成都植物园是一个离成都市区最近的天然氧吧，是残障朋友可以亲近自然，感受自然的好去处。它位于北郊天回镇，距市区仅10公里，作为一个人工植物园，该园共设8个专类植物区和10多个植物专类园，荟萃全省主要科属植物和中外珍稀树种200余种。该园采用了以川西植被为特色的建设方式，把能反映自然环境特点的优势物种和地带性植被相结合，使风景林区内林木层次分明，纵横有序，各具特色，可以作为科研院所及高等院校人员从事科研、教学和科普活动园地，也可以作为居民休闲娱乐的好场所。在这里残障朋友可以足不出园，就尽览中外不同植物。园内树木繁茂，环境幽雅，建有梅花、樱花、木兰、海棠、桂花、茶花、桃花、梨园、竹园、藤本园、柏类共11个专类园，整个园区树木参天，百花争艳，非常适合残障朋友全家一同前往休闲度假。残障朋友带上野餐垫，到此野餐聚会也是非常好的选择。

一、实用信息

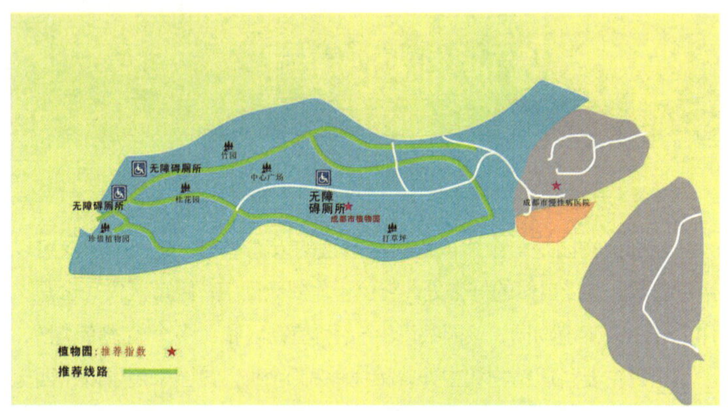

植物园无障碍出行指南图

无障碍设施名称	无障碍设施情况	备注
无障碍停车位	无	
景点无障碍出入口	有	
无障碍厕所（独立卫生间）	有	
无障碍厕位	有	
无障碍通道	有	有无障碍通道
主要景点	有	部分景点是有障碍的
导盲服务	无	
手语服务	无	
无障碍标识	有	

乘坐公交线路有：224、25、403、650、663、680路。

地址：四川省成都市金牛区昭觉寺南路

电话：028-83572831

开放时间：4-8月6：30-20：00，9-3月7：00-19：00

二、实地考察结果

成都植物园

停车场（没有无障碍停车位）

出入口（残障朋友可以直接进入，非常方便）

游客服务部

无障碍厕位

无障碍厕位（缺乏扶手，残障朋友上厕所较为不便）

无障碍通道

无障碍标识

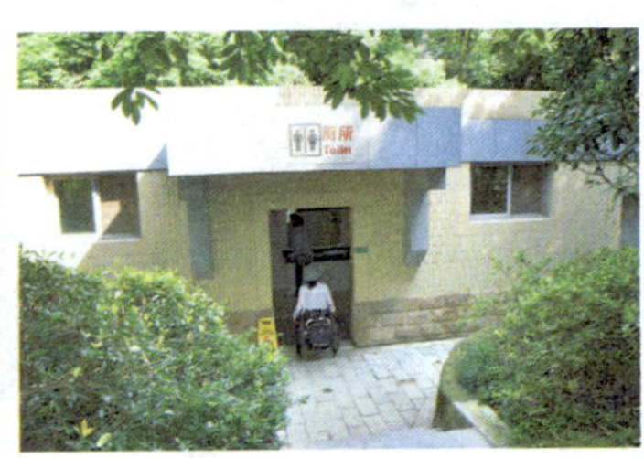

无障碍厕所（能够方便进入，基本设施条件能满足残障朋友使用要求）

无障碍厕所

温馨提示：植物园的无障碍通道坡道长，坡度大，不建议轮椅朋友自行前往，一定要有陪护陪同。

轮椅通道

温室植物园

山泉广场

第十一节 成都人民公园

成都人民公园位于成都青羊区少城路12号，风景秀美，交通便捷，是繁华的市中心规模最大的一座集文化文物与休闲娱乐于一体的综合性园林公园，也是成都市第一个破墙透绿，还绿色于市民开放式的风景公园。公园内有梅园、海棠园、兰草园、盆景园、大型假山等著名旅游景点。游览者可以在人工湖上泛舟，临湖而建的仿古茶楼喝茶聊天，公园内的广场常有各种展览和演出，园内菊展、鹤鸣老茶社久负盛名。近百年来，该公园一直是蓉城百姓品茶观景、游玩休憩、养生健体的重要场所。

一、实用信息

成都人民公园无障碍出行指南图

无障碍设施名称	无障碍设施情况	备注
停车场	无残疾人停车位（西门处）	收费
主要出入口	南门、西门、正门、北门	有无障碍通道
无障碍厕所	图中所标注的厕所都有无障碍设施	无障碍设施不规范
盲道、手语服务	无	
语音播报	无	
轮椅	无	
门票	免费	

电话：028−86158033；028−86139234

官方网站：http://www.cdpeoplespark.com/sy/index.asp

游玩时间：建议1−2小时

门票：平常免费游园，举办花展期间需购票入园，有花展的时候是12元/人，重大节庆的时候是8元/人。持有老年证、离休证、军人（警察）证、残疾人证，可凭证免费入园。

交通：公园地处繁华市区中心，交通便捷，到祠堂街公园正大门，可乘4、5、13、14、47、29、53、64、78、98路公共汽车到达。

小南街新西大门，可乘93、94、29、53、98、29、340路公共汽车到达。

半边桥街新东大门假山广场可乘4、30、57、98、43、81路公共汽车到达。

开放时间：冬季 6:30−22:00，夏季6:00−22:30

二、实地考察结果

公共卫生间、无障碍卫生间（景区只有一处新建的无障碍卫生间在南门附近）

低位洗手盆

东门有轮椅坡道

北门有轮椅坡道

可伸缩的路障（轮椅朋友经过时工作人员会把路障降低与路面相平让轮椅通过）

钟水饺

鹤鸣茶社

纪念墙

纪念碑

银杏阁有轮椅坡道

第十二节 新华公园

成都新华公园位于成都市双林路87号，它是一座运用现代造园手法建造的，集现代园林建筑、游乐为一体综合性公园，其开放的空间、树林草地跟别的公园迥然不同。成都市新华公园是小孩子的天堂，游艺设备种类多多，水族馆内上百种游弋的海洋生物千奇百怪，观赏性极强。 新华公园里还有一大片欧式风格的建筑，现代经典婚纱在此设立的一个外景基地，风景秀丽。该公园是成都市民休闲娱乐的重要场所。

温馨提示：该景区北门与西南门均有无障碍通道，但需要门卫控制打开。景区内主要通道和大部分小道都是无障碍的，但景区内的小山上以及小山上的展馆台阶较多，残障朋友出入有一定困难。

一、实用信息

成都新华公园无障碍出行指南图

无障碍设施名称	无障碍设施情况	备注
无障碍停车位	无	没有专用无障碍停车位
景点无障碍出入口	有	景区北门与西南门均有无障碍出入口
无障碍厕所（独立卫生间）	无	
无障碍厕位	有	有无障碍厕位
无障碍通道	有	景区内主通道都是无障碍的，但上小山有台阶。
电梯	无	
缘石坡道	有	
主要景点	有	主要景点均是无障碍的。位于山上的展馆有台阶
导盲服务	无	
手语服务	无	
无障碍标识	有	景区内有无障碍标识

电话：028-84341572

交通：乘坐5、8、20、65、71、75、80、101、106、112、182、237、341、1009路至新华公园下即可。

游玩时间：建议2-3小时

门票：免费开放。公园内的娱乐设施需要另外付费。

开放时间：早上没有具体的开放时间，一般6、7点就会有市民活动了，晚上10:00开始清园。

二、实地考察结果

公园北门有无障碍出入口（工作人员看到有轮椅进入会开遥控门）

公园西南门无障碍出入口（第三次调研时正在维修中）

第十三节 339锦绣天府塔

成都339欢乐颂购物中心位于成都新华桥头，坐落于锦江河畔，是一个汇聚时尚购物、餐饮娱乐、休闲旅游、星级酒店及商务办公于一体的大型商业综合体，也是中国西部最高的电视塔所在地。电视塔就是四川成都广播电视，其高339米，是成都市的地标建筑之一，残障朋友到此可以方便地乘坐观光电梯或高速电梯到达电视塔的顶部，眺望成都全景，在高处感受不一样的成都，电视塔上还有旋转餐厅，夜晚登塔还能一边用餐一边欣赏成都夜景。

一、实用信息

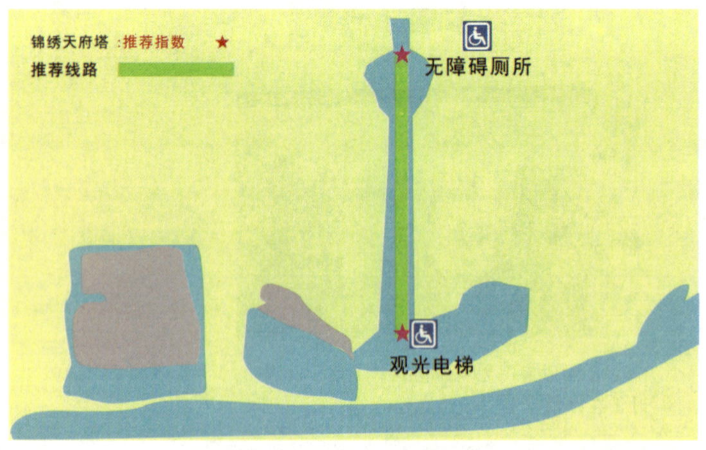

锦绣天府塔无障碍出行指南图

无障碍设施名称	无障碍设施情况	备注
无障碍停车位	无	
景点无障碍出入口	有	
无障碍厕所（独立卫生间）	无	没有独立无障碍卫生间
无障碍厕位	有	
无障碍通道	有	有无障碍通道
电梯	有	
主要景点	有	部份景点是有障碍的
导盲服务	无	
手语服务	无	
无障碍标识	无	

电话：028-82009339

地址：四川省成都市成华区猛追湾街94号

轨道交通：地铁：3、4号线

公共交通：项目周边主干道为双林路，猛追湾街、新鸿路、滨河路，均为城市主干道，地面交通非常便捷。

周边公交线路有：5、6、8、76、80、101、101A、106、301路。

二、实地考察结果

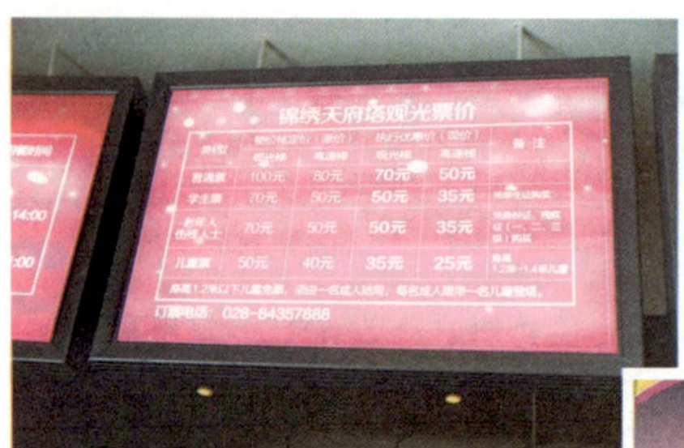

景区价格表

景区观光券

温馨提示：成都市内收费的景点不多，电视塔是其中之一，但是残疾朋友和老年人有价格优惠政策。

景区入口没有无障碍电梯

温馨提示：轮椅朋友需要有人陪同，或者找工作人员协助到达景区入口。

208观景平台的无障碍厕位

观景平台可以鸟瞰成都市全貌

温馨提示：有心脏病、恐高症的游客要注意安全。

第十四节 东郊记忆公园

东郊记忆公园是由原成都红光电子厂改建的创意文化公园，是集音乐、美术、戏剧、摄影为一体的综合艺术园。园区包括众多的展览场馆和表演场地，是成都的一个文化名片，也是成都市民休闲娱乐的重要场所。由于东郊记忆公园是厂房改建，公园内整体比较平坦，非常适合残障人士出行。整个公园建筑在保留部分厂区作为工业文明遗址的基础上，艺术家进行了精心的改造。园区内的建筑风格非常有特色和创意，喜欢摄影的残障人士可以到此处拍摄。同时，由于东郊记忆公园内会不定期举办室内外音乐节、戏剧周等文化活动，非视听障碍的残障人士可以来感受文化艺术的氛围，丰富文化生活。

一、实用信息

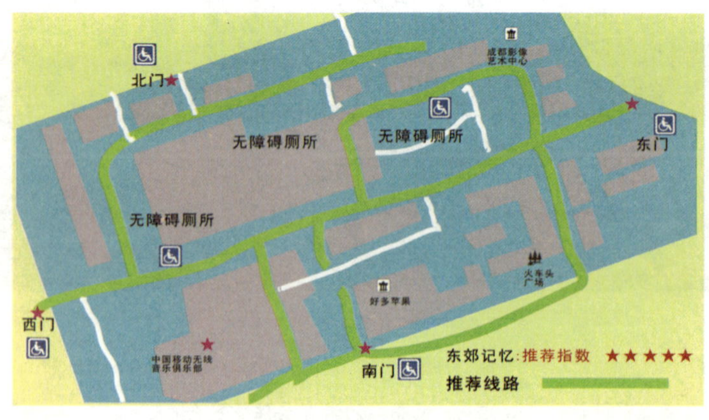

东郊记忆公园无障碍出行指南图

无障碍设施名称	无障碍设施情况	备注
无障碍停车位	无	
景点无障碍出入口	有	景区东西南北四个门均可出入
无障碍厕所（独立卫生间）	无	没有独立无障碍卫生间
无障碍厕位	有	
无障碍通道	有	有无障碍通道
主要景点	有	
导盲服务	无	景区没有导盲、盲道、盲文、语音介绍等服务
手语服务	无	景区没有手语服务
无障碍标识	无	

到达交通线路：乘180、342、1013路公交至东郊记忆北大门站下车步行约200 米，乘72、313路至SM广场公交站下车步行约600米。

门票：免费

开放时间：全天

二、实地考察结果

西门有停车场，但是没有无障碍停车位

南门

东门

北门

温馨提示：东郊记忆每一个门都十分平坦，非常方便残障人士进公园游玩。

西门

游客中心

火车头

温馨提示：此处非常适合拍照留念，喜欢摄影的残障人士可以到此拍摄。

成都舞台

红砖墙

温馨提示：景区主要景点轮椅人士都能到达，残障人士能够非常方便地游玩。

舞台后街无障碍卫生间

无障碍厕位、洗手盆

卫生间外貌

温馨提示：无障碍卫生间也基本能保障残障人士的需求，残障朋友能方便地使用。

第十五节 金沙遗址博物馆

金沙遗址博物馆位于成都市青羊区金沙遗址路2号，它是以商周时代遗址为基础建设而成的博物馆。遗址出土了世界上同一时期遗址中最为密集的象牙，数量最为丰富的金器和玉器，展示了神秘的古蜀文化和独特的青铜文明。在此出土的太阳神鸟金箔，被确定为中国文化遗产标志和成都城市形象标识主图案。该博物馆占地面积30万平方米，建筑面积38000平方米，由遗迹馆、陈列馆、游客中心、文化保护与修复中心、金沙剧场、园林区等组成，是一座集教育、研究、休闲于一体的现代化园林式博物馆。

温馨提示：金沙遗址的主要通道都是无障碍通道，无障碍设施完善，全程都可以一个人独立观赏。景区南大门有停车场，但是没有无障碍停车位，残疾人机动汽车要收费，收费标准6元，不限时长。

一、实用信息

金沙遗址博物馆无障碍出行指南图

无障碍设施	调研结果	备注
停车场	无残疾人停车位	收费
主要出入口	南门、东门、北门	有无障碍通道
无障碍厕所	图中所标注的厕所都有无障碍设施	无障碍设施不规范
盲道、手语服务	无	
语音播报	10元租金	押金200元
轮椅	有	押金500元
门票	残疾人免费	重度残疾人可带陪护

电话：028-87303522

官网：http://www.jinshasitemuseum.com/

门票价格：80元/人

门票优惠减免办法：对6周岁以下（含6周岁）或身高1.3米以下（含1.3米）的儿童实行免票；持有效证件60周岁以上的老年人实行半价优惠。其中，持成都市《老年人优待证》的老年人实行十一、春节黄金周半价，其余时间免票的优惠；持有效证件年满 70周岁以上老人实行免票优惠；持有效证件的离休人员、残疾人、现役军人免票。

交通：金沙遗址博物馆距成都市双流国际机场约 25公里；距成都市火车北站约6公里、成都市火车南站约10公里。有成渝、成绵、成南等多条高速公路进出口靠近金沙遗址博物馆。金沙遗址博物馆距成灌高速入口约4公里，距成温邛高速入口约5公里，距成乐高速入口约9公里，成绵高速入口约10公里，外地游客来参观交通十分方便。

金沙遗址博物馆交通便利，有许多公车可以直接抵达此馆，如：5、32、41、63、64、79、82、84、96、100、111、123、163、305、

311、320路等，还开辟有901路旅游观光专线，游客可从成都市新南门旅游集散中心直接前往此馆。金沙遗址博物馆临近有金沙长途客运汽车站及金沙公交站，金沙长途客运汽车站有90余条长途汽车线路，可到达省内主要城市及成都各区（市）、县，方便四面八方的游客到金沙遗址博物馆观光、旅游。

温馨提示：地铁2号线一品天下站距金沙遗址博物馆仅300米。

游玩时间：建议3–4小时

开放时间：8:00–18:00（每周一闭馆）

售票时间：8:00–17:30（每周一闭馆）

二、实地考察结果

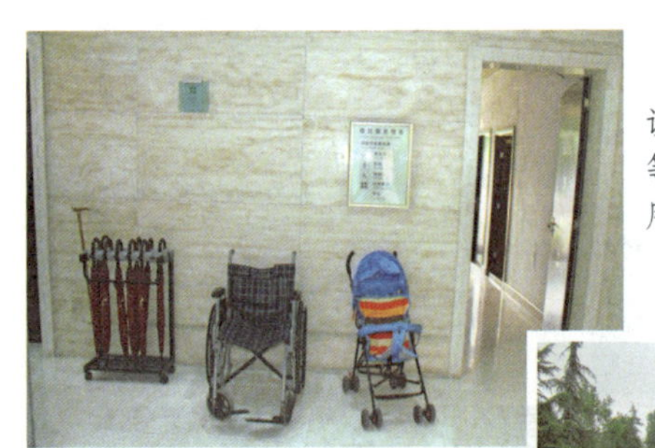

南门游客中心便民服务台设有轮椅、雨伞、语音播报器等方便游客，语音导览器，费用为10元

南门没有专设无障碍通道，轮椅可以走出口

南门轮椅坡道（轮椅坡道行动不便者、轮椅人士都能自行上下坡）

北门轮椅坡道

北门入口处有无障碍电梯，电梯设有三面扶手，电梯通往陈列管各个展厅

景区一处无障碍卫生间（景区内所有公共厕所都有无障碍厕位，无障碍厕所环境特别好，唯一的缺点就是洗手盆没有扶手，洗手盆下面空间不够，轮椅进不去，洗手不太方便

温馨提示：卫生间有盲道，视障朋友可以放心前往。

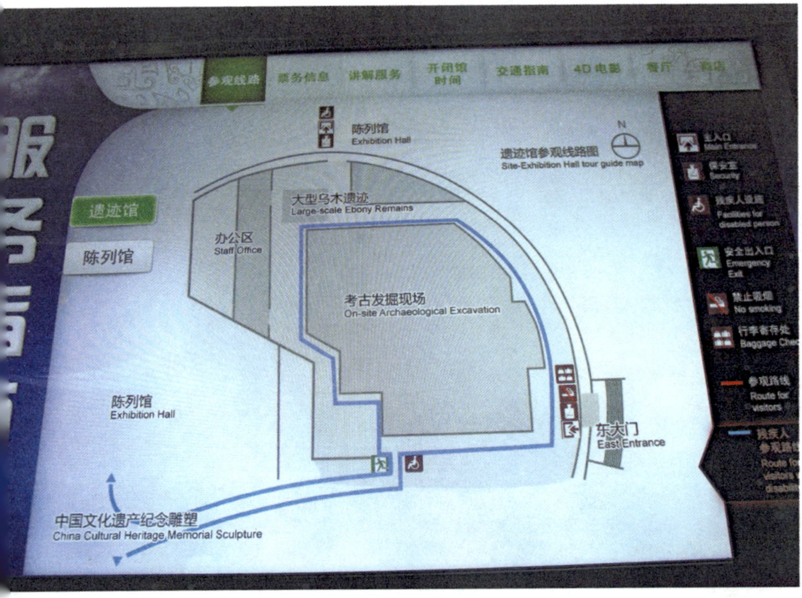

蓝色线路是推荐的参观路线

第十六节 望江楼公园

望江楼公园位于成都市武侯区望江路30号，它以拥有望江楼古建筑群、唐代著名女诗人薛涛纪念馆等文物遗迹及各类珍奇异竹而闻名中外。园内岸柳石栏，波光楼影，翠竹夹道，亭阁相映，主要建筑崇丽阁、濯锦楼、浣笺亭、五云仙馆、流杯池和泉香榭等构成极富四川风格的园林建筑群。

一、实用信息

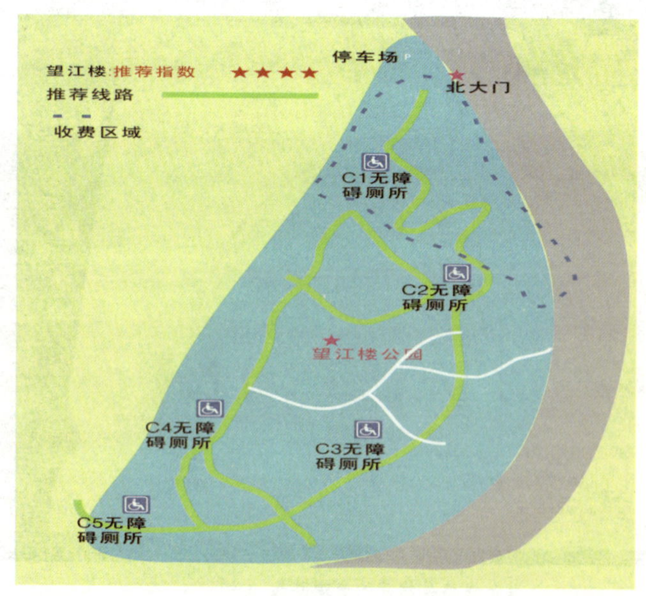

望江楼公园无障碍出行指南图

无障碍设施名称	无障碍设施情况	备注
停车场	无残疾人停车位	收费
主要出入口	南门	有无障碍通道
无障碍厕所	图中所标注的厕所都有无障碍设施	无障碍设施不规范
盲道、手语服务	无	
语音播报	周一至周五每天两次免费讲解	10点、15点
轮椅	无	无
门票	残疾人免费	重度残疾人可带陪护

电话：028-85223389

官网：http://www.wangjianglou.com/index.asp

门票：望江楼公园文物保护区门票每人次20元，园林开放区免费

公交线路有：19、335、35、3路公交车

游玩时间：建议2-3个小时

开放时间：文物区：08:00-18:00 开放区：06:00-21:00

二、实地考察结果

南门设有停车场但是没有无障碍停车位，残疾人士停车要收费，建议残疾人士停到北大门交投路边临时停放处（针对残疾人免费停放）

温馨提示：该公园主要景点轮椅朋友都能到达。

南门无障碍通道

西门（有无障碍通道）

无障碍卫生间

第十七节 成都文化公园

成都文化公园位于成都市青羊区一环路西二段7号，它是以举办各种文化活动为主的综合性公园。公园中每年都会举办成都灯会和成都花会。灯会、花会期间还举行丰富多彩的文艺表演、书画摄影展览和地方名小吃展销。公园内有十二桥烈士墓，是为纪念在成都解放前夕36位被国民党特务秘密杀害的烈士陵墓，具有一定历史文化价值。

一、实用信息

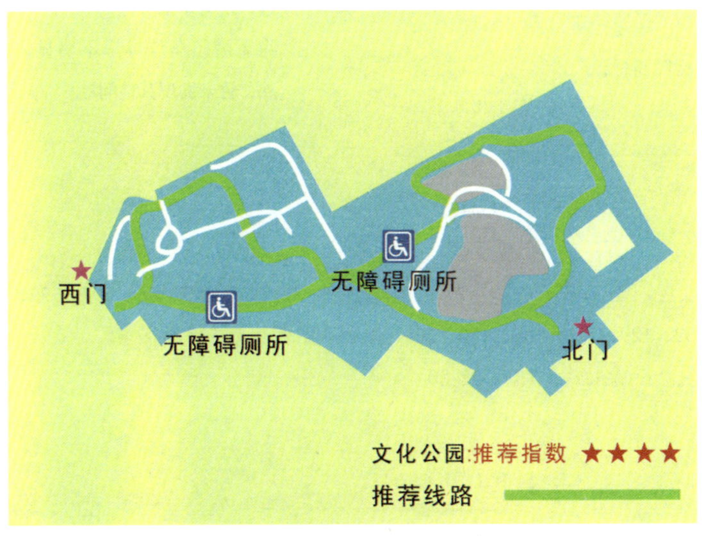

成都文化公园无障碍出行指南图

无障碍设施名称	无障碍设施情况	备注
无障碍停车位	无	没有专用的无障碍停车位
景点无障碍出入口	有	景区大门有无障碍通道，但需找门卫开铁门
无障碍厕所（独立卫生间）	无	没有独立无障碍卫生间
无障碍厕位	有	
无障碍通道	有	有无障碍通道
电梯	无	
缘石坡道	有	厕所有轮椅坡道
主要景点	有	部分景点是有障碍的
导盲服务	无	景区没有导盲、盲道、盲文、语音介绍等服务
手语服务	无	景区没有手语服务
无障碍标识	有	除无障碍车位标识不明显之外，暂未发现其他问题

电话：028-87798543

门票信息：免费开放

交通：乘11、19、27A、27、34A、34、35、42、58、59A、59、82、129、151、165、170、309、319路公交至青羊宫站下车。

开放时间：7:00-22:00

二、实地调查结果

烈士墓广场

温馨提示：景区西门、北门均有无障碍出入口，景区主要通道均可通行。

无障碍厕位

第十八节 文殊院

文殊院位于成都市青羊区文殊院街66号，它是国务院确定的全国汉语系佛教重点寺院之一，中国长江上下游四大禅林之首，四川省重点文物保护单位，处于四川省成都市区中心地带，是集禅林圣迹、园林古建、朝拜观光、宗教修学于一体的佛教圣地。文殊院现存建筑乃典型川西平原古建风格，多系康熙年间和嘉庆、道光年间重建或改建，因此不仅能感受厚重的历史文化底蕴，还能感受到四川文化散发出来的生机。

温馨提示：文殊院是清代的建筑，所有大殿、偏殿都是有台阶的，通道可以远距离观景，千佛和平塔没有台阶可以近距离观看。

一、实用信息

文殊院无障碍出行指南图

无障碍设施	调研结果	备注
停车场	只有内部停车场，无残疾人停车位	针对员工和素食餐厅消费者
主要出入口	西南门	
无障碍厕所	图中所标注的两个厕所都有无障碍设施	无障碍设施不规范
盲道、手语服务	无	
语音播报	景区提供免费WIFI，下载景区APP，提供景区介绍	
轮椅	无	
门票	免费	

电话：028-86930623；028-86952273

官网：http://www.konglin.org/

游玩时间：建议1-2小时

交通：乘坐地铁1 号线至文殊院站下车；乘42、75、126、127路公交车至大安西路西站下车可达；乘16、55、98路公交车和298路通宵专线公交车至文殊院站下车步行约320 米可到达。

门票：免费

二、实地考察结果

正门入口处的门槛

无障碍出入口（景区内停车场不对外开放，吃斋饭可以把车停在景区内）

厕所处的无障碍坡道

温馨提示：鼓楼附近卫生间入口处轮椅坡道方便行动，不便者和轮椅族都可以通过。福慧林处卫生间门口处的坡道坡度太大，轮椅族需要有人协助才能通过。

独立的无障碍卫生间（无障碍厕位、洗手盆没有扶手）

温馨提示：公共卫生间没有单独的无障碍厕位，卫生间没有低位洗手盆。

第十九节 成都清水河公园

清水河公园位于成都市武侯区机投桥街道万寿村，它是成都第一个以芙蓉花景点著称的主题公园。公园内主要以市树银杏、市花芙蓉为主题，其历史内涵源于前蜀皇帝王建。公园景区由主大门景区、银杏广场景区、儿童活动娱乐和健身区、湖岸景区、郊野森林氧吧五大部分组成。公园风格以现代园林为主，融入古典园林风格，古今结合，园内植被极为丰富，公园内还有数家大型的独具特色的餐饮服务点，服务配套设施十分完善，是成都近郊不可多得的大型休闲娱乐场所。

温馨提示：清水河公园的通道基本无障碍，主要存在的问题是没有无障碍停车场，停车场对残障人士收费（6元无时限），没有无障碍卫生间。

一、实用信息

清水河公园无障碍出行指南图

门票：免费

开放时间：全天

游玩时间：建议1–2个小时

二、实地考察结果

景区大门

轮椅坡道

轮椅坡道

农家乐

农家乐

农家乐

第二十节 宽窄巷子

宽窄巷子位于成都市青羊区同仁路以东、长顺街以西，它由宽巷子、窄巷子、井巷子平行排列组成，全为仿古四合院落，全长约500米，是成都遗留下来的较成规模的清朝古街道，与大慈寺、文殊院一起并称为成都三大历史文化名城保护街区。宽窄巷子在保护老成都原真建筑的基础上，形成以旅游、休闲为主，具有鲜明地域特色和浓郁巴蜀文化氛围的复合型文化商业街。宽巷子是“闲生活”区，以旅游休闲为主题，窄巷子是老成都的“慢生活”区，以品牌商业为主题，井巷子是“新生活”区，以时尚年轻为主题，共同构建宽窄巷子的成都风味。这里是成都的最热闹的地方，也是感受老成都“新生活”的重要景点。

温馨提示：宽窄巷子的多数商铺都有台阶或门口，残障朋友进入有一定困难需要亲友协助。

一、实用信息

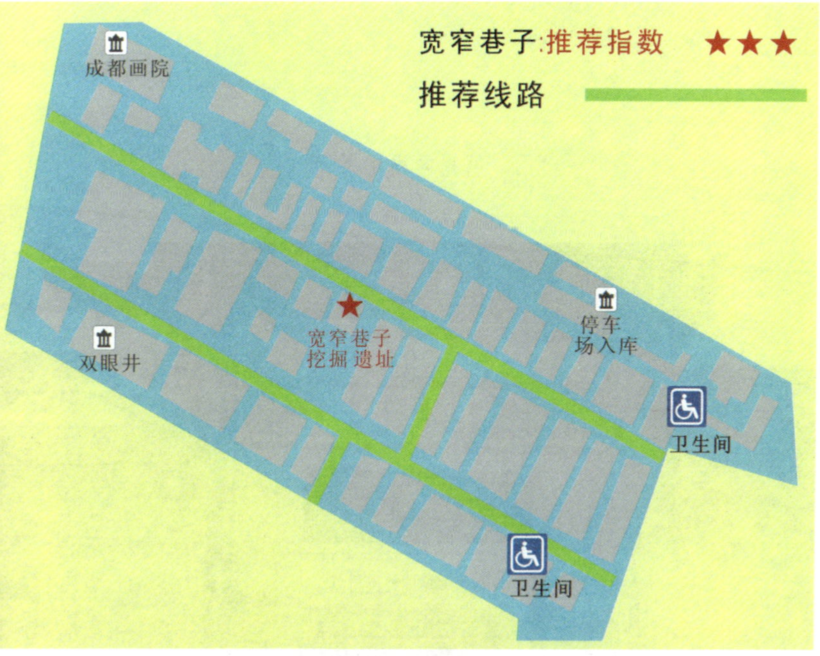

宽窄巷子无障碍出行指南图

宽窄巷子三条老街通行基本无障碍，主要存在的问题是停车场标识不明显造成寻找困难，景区内无障碍卫生间缺失。

官网：http://www.kzxz.com.cn/index.php?l=cn

门票：免费

交通：出租车：长顺上街出租车临停点、下同仁路出租车临停点。

公交车线路：宽窄巷子邻近于天府广场、人民公园、琴台路、百花潭公园等。可以乘坐：5、13、43、47、58、64、78、81、163路等公交车在金河路站下车，乘坐62、70、93、163、340路公交车在长顺上街站下车。

地铁：地铁4号线宽窄巷子站

游玩时间：建议2–3小时

开放时间：全天

二、实地考察结果

星巴克咖啡没有轮椅坡道

室内停车场标识离停车场还有一段距离

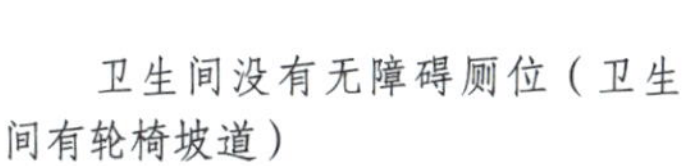

卫生间没有无障碍厕位（卫生间有轮椅坡道）

低位洗手盆

无障碍电梯可以通往地下停车场

第二十一节 成都三圣花乡

成都三圣花乡位于成都市锦江区成龙路三环路外侧，它由“花乡农居”“幸福梅林”“江家菜地”“荷塘月色”“东篱菊园”五个主题景点构成。三圣花乡成为成都本地居民休闲娱乐的重要场所。这里四季花开不断、蝶舞蜂飞，景区基础设施完备、文化氛围浓郁，有“梅花知识长廊”“吟荷廊”等人文景观；有“许燎源现代设计艺术博物馆”“蓝顶艺术中心”等艺术创意产业基地；有“高威体育公园”“绿道”等运动休闲设施；有“成都传化”“中国兰花博览园”等高档花卉生产示范基地。在三圣花乡，人们不仅可以感受到传统的乡村文化，又可以欣赏到优美的乡村景色，体验回归田园、拥抱自然的别样情趣。

一、实用信息

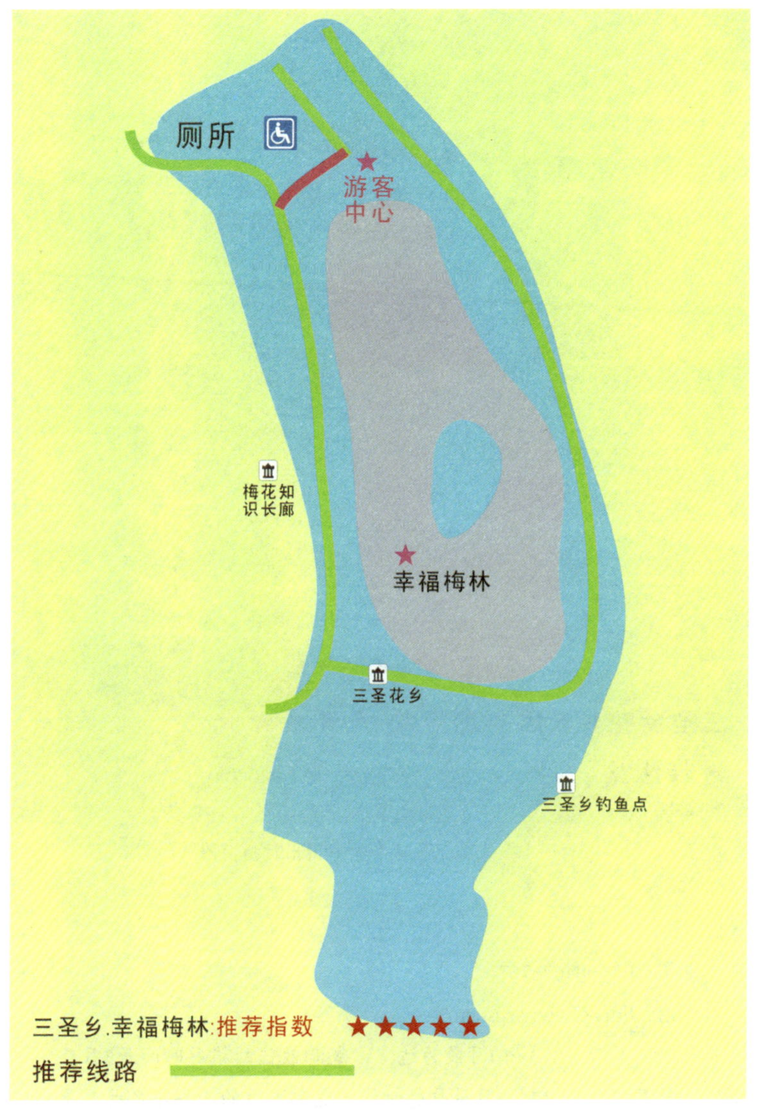

成都三圣花乡无障碍出行指南图

成都三圣花乡无障碍出行指南图

电话：028-84676767

官网：http://www.cdss.cn/

最佳游玩季节：3-10月最为适宜，成都最佳的旅游时间是3月至6月，9月至11月。但7、8月最热的时候，成都附近的三圣花乡也都是最理想的避暑胜地。

门票：免费

交通：乘56、343、332、38、40路至三圣花乡站下车步行百米即到

游玩时间：建议4–6个小时

开放时间：全天

美食：豉香凉粉、兔头拼盘、开门红兔头、酥皮粉蒸肉、老豆腐炖肉蟹、脆椒牛柳、竹笋鱼、水里飘香、爽口鸭、泡椒羊杂、梅林红苕烙等

二、实地考察结果

三圣花乡游客中心轮椅坡道（坡度太大，轮椅族需要有人协助才能通过）

游客中心的轮椅免费使用（需交500元押金）

景区主要通道都可以通行，有些地方坡道比较陡，有些路面不平，行动不便者、轮椅族需要有人协助通过。

温馨提示：每个景点、每家农家乐都有停车场但没有无障碍停车位。

幸福梅林景区通道

无障碍厕位

洗手盆（没有低位洗手盆）

第二十二节 黄龙溪

黄龙溪古镇位于成都市双流区西南部边缘，它距成都市区42公里，距双流区34公里、华阳镇28公里，是以旅游业为龙头，农业为基础的旅游型城镇，是成都市郊区新的旅游热点，是以旅游业为主，商贸服务业为辅的旅游型山水小城镇。古镇不仅风光秀丽、环境优美，还是驰名中外的天然影视摄影基地。古镇主要特色是：古街、古树、古庙、古水陆码头、古建筑和古朴的民风民俗。古镇是国家文化部命名的中国民间艺术（火龙）之乡、国家级环境优美小城镇，素有“影视城”“中国好莱坞”之称。

一、实用信息

黄龙溪古镇无障碍出行指南图

电话：028-85696929，028-85696001

官网：http://www.hlxh.gov.cn/main/navigation/lang/zh

交通：

①在成都旅游集散中心新南门汽车站乘坐巴士，票价15元/人，车程70分钟。

②成都汽车总站乘坐公交819路至华阳客运中心，票价2元，车程40分钟，转乘公交821路至黄龙溪古镇，票价2元，车程30分钟。

③成都茶店子乘坐巴士至双流客运中心，票价6元，车程50分钟，换乘公交808路至黄龙溪古镇，票价2元，车程30分钟。

④成都火车北站公交站乘坐巴士至双流客运中心换乘公交808 路至黄龙溪古镇。

游玩时间：建议4-6小时

门票：免费

开放时间：全天开放

购物：花草帽、芝麻糕、手工织布、黄龙溪土制豆豉、黄龙溪生态蜂蜜经营部、锦色蜀绣。

美食：黄龙溪一根面、春卷、金丝面、伤心凉粉、柴火鸡、龙眼酥、烧鸡公、珍珠豆花（石磨豆花）、芝麻糕、土制豆豉、焦皮肘子、黄辣丁、油稣仔鱼、仔虾、粉蒸肉。

地下排水设计需要，台阶特别多，残障人士不便前往

温馨提示：残障朋友可以由一根面旁边的牌坊处（无障碍通道）进入古镇两侧街道。

二、实地考察结果

停车场通往景区的无障碍通道（标识不够明显，只有询问工作人员才会知道无障碍出入口的位置）

网红一根面小吃

景区停车场（景区设有无障碍停车位，残疾人免费停放）

游客中心门口有一级台阶，行动不便者、轮椅族需要有人协助才能通过

游客中心备有雨伞、轮椅、婴儿车等，可免费使用

卫生间门口有台阶，设有坡道，但坡道太陡，轮椅族需要协助通过

通往卫生间的通道有三级台阶，残障朋友出入非常不方便

第二十三节 青城山

青城山位于都江堰市西南部，东距成都市区68公里，它是中国道教发祥地之一，属道教名山，被列入世界遗产名录。青城山全山林木青翠，四季常青，诸峰环峙，状若城廓，有“青城天下幽”之美誉。青城山景区分前、后山两个部分。前山是青城山风景名胜区的主体部分，景色优美，文物古迹众多，主要景点有建福宫、天然图画、天师洞、朝阳洞、祖师殿、上清宫等；后山总面积100平方公里，水秀、林幽、山雄，高不可攀，直上而去，冬天则寒气逼人、夏天则凉爽无比，蔚为奇观，主要景点有金壁天仓、圣母洞、山泉雾潭、白云群洞、天桥奇景等。青城山已经成为成都人民夏季避暑的重要场所，也是成都周边游的重要景点。

温馨提示：青城山全程台阶众多，不适宜行动不便者、轮椅族游玩。如果残障朋友去青城山游玩，建议由山门开始坐滑竿到索道处，再乘坐索道至山顶。青城山索道明确规定持任何证件均不享受优惠。

一、实用信息

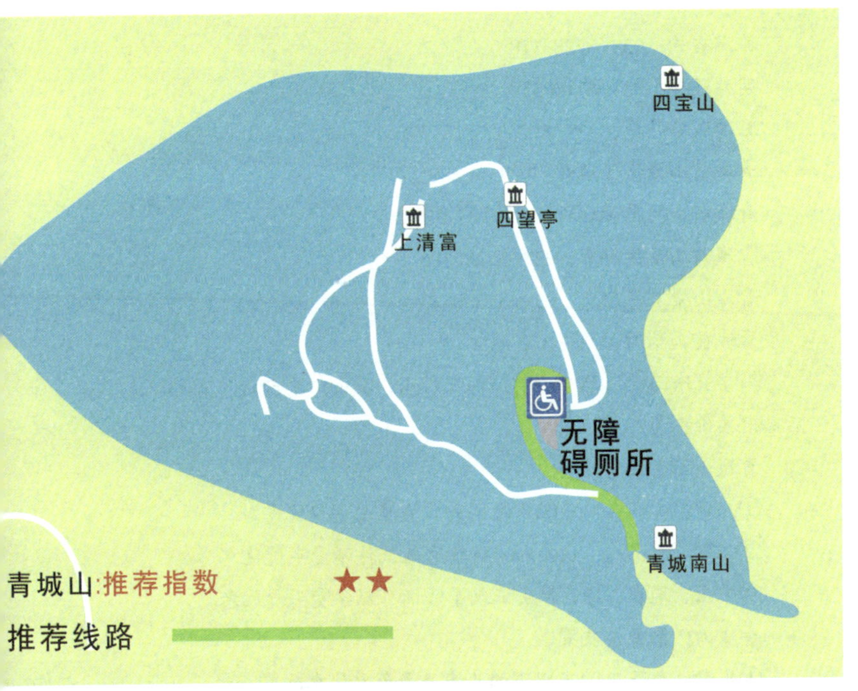

青城山无障碍出行指南图

最佳游玩季节：6月–8月最佳。夏天的青城山是避暑的好去处，满山的绿色也让人心情舒畅。青城山是避暑胜地，7、8月去可以避暑。3到5月会有登山节。冬天若是运气好碰到下雪还能感受一下罕见的青城雪景。

电话：

旅游投诉：028–87288159

旅游咨询：028–87288118

网站服务：028–87136338

旅游服务热线：028–87269978/87296689

青城前山景区管理处：028–87288104

青城前山门票管理所：028–87288617

青城前山景区游客：028–87288186

青城山索道管理所：028–87288453

青城前山派所：028–87288156

门票：城山的门票分为前山以及后山，前山门票价格为90元/人，后山门票价格为20元/人。

青城山门票优惠政策

①儿童：身高在1.1–1.4米之间的儿童享受半价优惠。

②60岁以上老人、残疾人：携带有效证件享受半价优惠。

③学生、军官：持有学生证或军官证可以享受半价优惠。

青城山门票免票政策

①儿童：身高在1.1米以下的儿童享受免票优惠政策。

②现役军人、离休干部、伤残军人、省部级以上劳动模范和英雄模范凭本人有效证件。

开放时间：旺季（3月2日–11月30日）：08:00–17:00　淡季（12月1日–3月1日）：08:00–18:00

住宿：青城天下幽，分为前山和后山。前山文物古迹，后山山林飞瀑。前山和后山的山门内外遍布大中小型农家乐、宾馆酒店以及别墅度假村。前山为最早开发，星级酒店、山庄别墅集中，条件好、选择多。

美食：腊肉、白果炖鸡、泡菜、罗鸡肉等。

二、实地考察结果

青城山主要通道皆是如此的台阶，残障朋友通行比较困难

温馨提示：停车场设有无障碍停车位5个，残疾人停车免费。

无障碍卫生间较少，且洗手盆无扶手，马桶扶手设计不标准

坐便器 洗手盆

无障碍厕位

第二十四节 都江堰景区

都江堰景区位于都江堰市公园路，坐落在成都平原西部的岷江上，它也被联合国教科文组织列入世界文化遗产。都江堰水利工程是秦国蜀郡太守李冰父子在前人鳖灵开凿的基础上组织修建的大型水利工程，由分水鱼嘴、飞沙堰、宝瓶口等部分组成，两千多年来一直发挥着防洪灌溉的作用，使成都平原成为水旱从人、沃野千里的“天府之国”。都江堰水利工程是全世界迄今为止，年代最久、唯一留存、仍在一直使用、以无坝引水为特征的宏大水利工程，凝聚着中国古代劳动人民勤劳、勇敢、智慧的结晶。“问道青城山，拜水都江堰”都江堰景区也是成都周边游的重要景点。

一、实用信息

都江堰景区无障碍出行指南图

最佳游玩季节：4月–10月是都江堰市最佳旅游时间。夏季7、8月最热的时候，都江堰附近的青城山，是最理想的避暑胜地。

电话：

旅游咨询：400–1151–222

旅游投诉：028–87120836

游客中心：028–87293800（都江堰）/028–87288186（青城山）

都江堰景区管理处：028–87136609

都江堰景区门票：028–87283890

都江堰景区观光车：028–87268892

都江堰景区派出所：028–87283825

离堆管理所办公室：028–89700439

二王庙管理所办公室：028–89700438

都江堰旅游局：028–87132909

都江堰物价局：028–61929158

门票：90元/人

半票购买对象：身高1.1–1.4米之间的儿童；60岁以上的老人、残疾人（凭本人有效证件）持学生证、军官证者。

免票对象：全国70岁以上的老年人（含港、澳、台）；全国人大委员（凭本人委员证）；盲人、双下肢残疾人和其他重度残疾人，允许1名陪同人员免费进入景区。

特殊：四川农业大学都江堰校区学生、成都东软学院学生和四川工商职业技术学院学生凭学生证可购买15元一张的优惠门票；都江堰当地居民凭身份证可购买15元一张的优惠门票。

交通：双流机场客运站已开通至都江堰的直达机场班线，到都江堰、青城山游玩非常方便。目前每天有6个班次从机场发往都江堰，发班时间分别为11:20、12:30、13:30、14:20、15:20、17:00；都江堰有8个班次发往机场，发车时间为9:45、10:35、11:25、12:20、13:30、14:30、15:40、17:10，全程票价为24元。

温馨提示：大巴会穿越市区，约1.5小时可达都江堰客运中心，但若遇上高峰期堵车则可能延缓，尽量提早出行。

自2013年成灌线动车的开通，乘动车/快铁是最便捷舒适的方式。目前开通了至都江堰火车站及离堆公园站的动车/快铁，均在成都北站乘车。

温馨提示：残障朋友出行一定提前计划好线路再选择乘车。遇周末及黄金假日，车票会比较紧俏，最好提前预定往返火车票。

都江堰火车站距景区较远，约6公里，乘公交车一般需40–50分钟左右。下面提供几条路线，根据自身需求选择：

①坐公交车用时最少的线路：在都江堰火车站下车后，可乘坐2路车在建设路蒲阳路口站下车后，再转乘17路公交车可到达离堆公园站，然后步行至都江堰景区。5公里的车程，需40分钟即可达。

②坐公交车用时较少的线路：同样乘坐2路车，一条线路是在财经大厦下车转乘4路公交车，在离堆公园站下车后步行至景区。另一条线路是在都江堰消防队站下车，转乘9路公交车，在鲤鱼砣站下车，步行至景区。再就是乘坐2路车在奎光塔站下车，再转乘101A路公交车，一直到都江堰景区下车。这三条线路车程都比第一条线路要长一些，用时都在50分钟左右。

③坐公交车不需要转车的线路：在都江堰火车站下车后，先步行743米到外北街通站路口，再乘坐都江堰17路公交车，一直到离堆公园站下车，然后步行至都江堰景区。用时也在50分钟左右。

开放时间：冬季（12月1日–3月1日）：8:00–17:30　其他季节（3月2日–11月30日）：8:00–18:00

住宿：都江堰是年代最久的，以无坝引水为特征的宏大水利工程。从成都坐动车的话，可以坐到离堆公园站，离景区更近。住这里交通、吃饭都比较方便，有不少快捷酒店可供住宿。

美食：葱葱卷、尤兔头、冰粉、渣渣面、白果炖鸡、手掌鸡等。

二、实地考察结果

离堆公园通往鱼嘴工程的必经地，有多级石阶梯，轮椅只能绕行

温馨提示：残疾朋友观赏鱼嘴工程要原路返回到景区正门西侧的另一大门处可以绕过此桥

飞沙堰

宝瓶口

景区设有无障碍停车位，残疾人停车免费

景区大门（景区正门处设有无障碍出入口）

景区大门无障碍出入口

洗手盆（设有低位洗手盆）

温馨提示：部分卫生间没有无障碍设施，有些无障碍卫生间门过窄，轮椅进入不便。

坐便器（一侧设有扶手，行动不便者、轮椅族使用时注意安全，洗手盆没有扶手，洗手较为不便）

第三章 经典旅游线路

JINGDIAN LVYOU XIANLU

经典旅游线路

第一节 魅力天府一日游

（青羊宫、杜甫草堂、锦里、宽窄巷子）

行程安排

上午：宽窄巷子、琴台路、青羊宫、杜甫草堂

宽窄巷子

杜甫草堂

早上8:00-9:00出发至经过4年的艰苦修复，2008年6月14日正式开街的宽窄巷子游览，宽窄巷子由宽巷子、窄巷子、井巷子平行排列组成，形成较成规模的清朝古街道，很多四合院群是民国达官贵人的公馆府邸，是川西民居和北方胡同文化融合的建筑风格，是旅游、休闲、娱乐为一体的成都地标之一。这里承载着老成都美好记忆，包容、从容、闲适、自在，更向世人讲述着老成都的世事沧桑，也应了这句话——成都，一个来了就不想离开的地方。之后5分钟左右车游以汉唐仿古建筑群为依托，以司马相如和卓文君的爱情故事为主线的琴台路，听导游讲解司马相如和卓文君

的爱情故事，展示汉代礼仪、舞乐、宴饮等风土人情。再至青羊宫游览，青羊宫紧邻杜甫草堂，是成都市内历史悠久的一座道教宫观，主要由三清殿、混元殿、斗姥殿、八角亭等组成。最后至唐代大诗人杜甫流寓成都时的故居——杜甫草堂游览，杜甫草堂完整保留着清代风格的五重纪念祠宇建筑，有陈列室及重建的杜甫茅屋故居等人文景观。

下午：武侯祠、锦里

下午参观四川特产购物中心后至武侯祠游览，感受“丞相祠堂何处寻，锦官城外柏森林”的氛围，领略闻名于世的三国文化，同时了解著名三国人物——诸葛亮，“鞠躬尽瘁，死而后已”的传奇一生。

锦里

游完之后前往武侯祠隔壁的川西名俗文化古街——锦里游览，体验当年老成都的生活方式和状态，这里有皮影戏、吹糖人和各种小吃，穿越三国时代，感受三国历史文化。下午16:00左右上车分别送回酒店。

第二节 都江堰、青城山、街子古镇一日游

行程安排

成都–都江堰–青城山–街子古镇–成都

早上06:00-06:40，出发经川西平原前往天府源头——都江堰市，游览世界文化遗产——旷世奇功——都江堰水利工程景区：离堆公园、宝瓶口、飞沙堰、鱼嘴以及5·12汶川特大地震之后重修的祭祀李冰父子的二王庙等景点。在感叹两千多年前古人的智慧后，一同前往岷江河坝，在中国第一座遗址剧场观看由500多名演职人员一起参加的——都江堰古老而隆重的放水盛典——道解都江堰。参观858科技展示中心，然后前往青城山农家乐午餐。下午前往中国道教发祥地——世界文化

遗产——青城山风景区，了解中国传统道教文化的同时感受林园幽静、古道幽深、啼鸟幽情、山花幽香的自然风光。在辛苦的爬山之旅后，坐上观光车悠闲自在地行走在川西坝子——街子古镇的老街上，享受着川西美食及川西风情。带着成都平原西部都江堰水的灵、青城山的名、街子古镇的情，回到成都市区统一散团。

附　录

FULU

附 录

第一节《残疾预防和残疾人康复条例》

第一章　总　则

第一条　为了预防残疾的发生、减轻残疾程度，帮助残疾人恢复或者补偿功能，促进残疾人平等、充分地参与社会生活，发展残疾预防和残疾人康复事业，根据《中华人民共和国残疾人保障法》制定本条例。

第二条　本条例所称残疾预防，是指针对各种致残因素，采取有效措施，避免个人心理、生理、人体结构上某种组织、功能的丧失或者异常，防止全部或者部分丧失正常参与社会活动的能力。

本条例所称残疾人康复，是指在残疾发生后综合运用医学、教育、职业、社会、心理和辅助器具等措施，帮助残疾人恢复或者补偿功能，减轻功能障碍，增强生活自理和社会参与能力。

第三条　残疾预防和残疾人康复工作应当坚持以人为本，从实际出发，实行预防为主、预防与康复相结合的方针。

国家采取措施为残疾人提供基本康复服务，支持和帮助其融入社会，禁止基于残疾的歧视。

第四条　县级以上人民政府领导残疾预防和残疾人康复工作，将残疾预防和残疾人康复工作纳入国民经济和社会发展规划，完善残疾预防和残疾人康复服务和保障体系，建立政府主导、部门协作、社会参与的工作机制，实行工作责任制，对有关部门承担的残疾预防和残疾人康复工作进行考核和监督。乡镇人民政府和街道办事处根据本地区的实际情况，组织开展残疾预防和残疾人康复工作。

县级以上人民政府负责残疾人工作的机构，负责残疾预防和残疾人康复工作的组织实施与监督。县级以上人民政府有关部门在各自的职责范围内做好残疾预防和残疾人康复有关工作。

第五条　中国残疾人联合会及其地方组织依照法律、法规、章程或者接受政府委托，开展残疾预防和残疾人康复工作。

工会、共产主义青年团、妇女联合会、红十字会等依法做好残疾预防和残疾人康复工作。

第六条　国家机关、社会组织、企业事业单位和城乡基层群众性自治组织应当做好所属范围内的残疾预防和残疾人康复工作。从事残疾预防和残疾人康复工作的人员应当依法履行职责。

第七条　社会各界应当关心、支持和参与残疾预防和残疾人康复事业。新闻媒体应当积极开展残疾预防和残疾人康复的公益宣传。

国家鼓励和支持组织、个人提供残疾预防和残疾人康复服务，捐助残疾预防和残疾人康复事业，兴建相关公益设施。

第八条　国家鼓励开展残疾预防和残疾人康复的科学研究和应用，提高残疾预防和残疾人康复的科学技术水平。国家鼓励开展残疾预防和残疾人康复领域的国际交流与合作。

第九条　对在残疾预防和残疾人康复工作中作出显著成绩的组织和个人，按照国家有关规定给予表彰、奖励。

第二章　残疾预防

第十条　残疾预防工作应当覆盖全人群和全生命周期，以社区和家庭为基础，坚持普遍预防和重点防控相结合。

第十一条　县级以上人民政府组织有关部门、残疾人联合会等开展下列残疾预防工作：

（一）实施残疾监测，定期调查残疾状况，分析致残原因，对遗传、疾病、药物、事故等主要致残因素实施动态监测；

（二）制订并实施残疾预防工作计划，针对主要致残因素实施重点预防，对致残风险较高的地区、人群、行业、单位实施优先干预；

（三）做好残疾预防宣传教育工作，普及残疾预防知识。

第十二条　卫生和计划生育主管部门在开展孕前和孕产期保健、产前筛查、产前诊断以及新生儿疾病筛查，传染病、地方病、慢性病、精神疾病等防控，心理保健指导等工作时，应当做好残疾预防工作，针对遗传、疾病、药物等致残因素，采取相应措施消除或者降低致残风险，加强临床早期康复介入，减少残疾的发生。

公安、安全生产监督管理、食品药品监督管理、环境保护、防灾减灾救灾等部门在开展交通安全、生产安全、食品药品安全、环境保护、防灾减灾救灾等工作时，应当针对事故、环境污染、灾害等致残因素，采取相应措施，减少残疾的发生。

第十三条　国务院卫生和计划生育、教育、民政等有关部门和中国残疾人联合会在履行职责时应当收集、汇总残疾人信息，实现信息共享。

第十四条　承担新生儿疾病和未成年人残疾筛查、诊断的医疗卫生机构应当按照规定将残疾和患有致残性疾病的未成年人信息，向所在地县级人民政府卫生和计划生育主管部门报告。接到报告的卫生和计划生育主管部门应当按照规定及时将相关信息与残疾人联合会共享，并共同组织开展早期干预。

第十五条　具有高度致残风险的用人单位应当对职工进行残疾预防相关知识培训，告知作业场所和工作岗位存在的致残风险，并采取防护措施，提供防护设施和防护用品。

第十六条　国家鼓励公民学习残疾预防知识和技能，提高自我防护意识和能力。

未成年人的监护人应当保证未成年人及时接受政府免费提供的疾病和残疾筛查，努力使有出生缺陷或者致残性疾病的未成年人及时接受治疗和康复服务。未成年人、老年人的监护人或者家庭成员应当增强残疾预防意识，采取有针对性的残疾预防措施。

第三章　康复服务

第十七条　县级以上人民政府应当组织卫生和计划生育、教育、民政等部门和残疾人联合会整合从事残疾人康复服务的机构（以下称康复机构）、设施和人员等资源，合理布局，建立和完善以社区康复为基础、康复机构为骨干、残疾人家庭为依托的残疾人康复服务体系，以实用、易行、受益广的康复内容为重点，为残疾人提供综合性的康复服务。

县级以上人民政府应当优先开展残疾儿童康复工作，实行康复与教育相结合。

第十八条　县级以上人民政府根据本行政区域残疾人数量、分布状况、康复需求等情况，制定康复机构设置规划，举办公益性康复机构，将康复机构设置纳入基本公共服务体系规划。

县级以上人民政府支持社会力量投资康复机构建设，鼓励多种形式举办康复机构。

社会力量举办的康复机构和政府举办的康复机构在准入、执业、专业技术人员职称评定、非营利组织的财税扶持、政府购买服务等方面执行相同的政策。

第十九条　康复机构应当具有符合无障碍环境建设要求的服务场所以及与所提供康复服务相适应的专业技术人员、设施设备等条件，建立完善的康复服务管理制度。

康复机构应当依照有关法律、法规和标准、规范的规定，为残疾人提供安全、有效的康复服务。鼓励康复机构为所在区域的社区、学校、家庭提供康复业务指导和技术支持。

康复机构的建设标准、服务规范、管理办法由国务院有关部门同中国残疾人联合会制定。

县级以上人民政府有关部门应当依据各自职责，加强对康复机构的监督管理。残疾人联合会应当及时汇总、发布康复机构信息，为残疾人接受康复服务提供便利，各有关部门应当予以支持。残疾人联合会接受政府委托对康复机构及其服务质量进行监督。

第二十条　各级人民政府应当将残疾人社区康复纳入社区公共服务体系。

县级以上人民政府有关部门、残疾人联合会应当利用社区资源，根据社区残疾人数量、类型和康复需求等设立康复场所，或者通过政府购买服务方式委托社会组织，组织开展康复指导、日常生活能力训练、康复护理、辅助器具配置、信息咨询、知识普及和转介等社区康复工作。

城乡基层群众性自治组织应当鼓励和支持残疾人及其家庭成员参加社区康复活动，融入社区生活。

第二十一条　提供残疾人康复服务，应当针对残疾人的健康、日常活动、社会参与等需求进行评估，依据评估结果制定个性化康复方案，并根据实施情况对康复方案进行调整优化。制定、实施康复方案，应当充分听取、尊重残疾人及其家属的意见，告知康复措施的详细信息。

提供残疾人康复服务，应当保护残疾人隐私，不得歧视、侮辱残疾人。

第二十二条　从事残疾人康复服务的人员应当具有人道主义精神，遵守职业道德，学习掌握必要的专业知识和技能并能够熟练运用；有关法律、行政法规规定需要取得相应资格的，还应当依法取得相应的资格。

第二十三条　康复机构应当对其工作人员开展在岗培训，组织学习康复专业知识和技能，提高业务水平和服务能力。

第二十四条　各级人民政府和县级以上人民政府有关部门、残疾人联合会以及康复机构等应当为残疾人及其家庭成员学习掌握康复知识和技能提供便利条件，引导残疾人主动参与康复活动，残疾人的家庭成员应当予以支持和帮助。

第四章　保障措施

第二十五条　各级人民政府应当按照社会保险的有关规定将残疾人纳入基本医疗保险范围，对纳入基本医疗保险支付范围的医疗康复费用予以支付；按照医疗救助的有关规定，对家庭经济困难的残疾人参加基本医疗保险给予补贴，并对经基本医疗保险、大病保险和其他补充医疗保险支付医疗费用后仍有困难的给予医疗救助。

第二十六条　国家建立残疾儿童康复救助制度，逐步实现0-6岁视力、听力、言语、肢体、智力等残疾儿童和孤独症儿童免费得到手术、辅助器具配置和康复训练等服务；完善重度残疾人护理补贴制度；通过实施重点康复项目为城乡贫困残疾人、重度残疾人提供基本康复服务，按照国家有关规定对基本型辅助器具配置给予补贴。具体办法由国务院有关部门同中国残疾人联合会根据经济社会发展水平和残疾人康复需求等情况制定。

国家多渠道筹集残疾人康复资金，鼓励、引导社会力量通过慈善捐赠等方式帮助残疾人接受康复服务。工伤保险基金、残疾人就业保障金等按照国家有关规定用于残疾人康复。

有条件的地区应当根据本地实际情况提高保障标准，扩大保障范围，实施高于国家规定水平的残疾人康复保障措施。

第二十七条　各级人民政府应当根据残疾预防和残疾人康复工作需要，将残疾预防和残疾人康复工作经费列入本级政府预算。

从事残疾预防和残疾人康复服务的机构依法享受有关税收优惠政策。县级以上人民政府有关部门对相关机构给予资金、设施设备、土地使用等方面的支持。

第二十八条　国家加强残疾预防和残疾人康复专业人才的培养；鼓励和支持高等学校、职业学校设置残疾预防和残疾人康复相关专业或者开设相关课程，培养专业技术人员。

县级以上人民政府卫生和计划生育、教育等有关部门应当将残疾预防和残疾人康复知识、技能纳入卫生和计划生育、教育等相关专业技术人员的继续教育。

第二十九条　国务院人力资源社会保障部门应当会同国务院有关部门和中国残疾人联合会，根据残疾预防和残疾人康复工作需要，完善残疾预防和残疾人康复专业技术人员职业能力水平评价体系。

第三十条　省级以上人民政府及其有关部门应当积极支持辅助器具的研发、推广和应用。

辅助器具研发、生产单位依法享受有关税收优惠政策。

第三十一条　各级人民政府和县级以上人民政府有关部门按照国家有关规定，保障残疾预防和残疾人康复工作人员的待遇。县级以上人民政府人力资源社会保障等部门应当在培训进修、表彰奖励等方面，对残疾预防和残疾人康复工作人员予以倾斜。

第五章　法律责任

第三十二条　地方各级人民政府和县级以上人民政府有关部门未依照本条例规定履行残疾预防和残疾人康复工作职责，或者滥用职权、玩忽职守、徇私舞弊的，依法对负有责任的领导人员和直接责任人员给予处分。

各级残疾人联合会有违反本条例规定的情形的，依法对负有责任的领导人员和直接责任人员给予处分。

第三十三条　医疗卫生机构、康复机构及其工作人员未依照本条例规定开展残疾预防和残疾人康复工作的，由有关主管部门按照各自职责分工责令改正，给予警告；情节严重的，责令暂停相关执业活动，依法对负有责任的领导人员和直接责任人员给予处分。

第三十四条　具有高度致残风险的用人单位未履行本条例第十五条规定的残疾预防义务，违反安全生产、职业病防治等法律、行政法规规定的，依照有关法律、行政法规的规定给予处罚；有关法律、行政法规没有规定的，由有关主管部门按照各自职责分工责令改正，给予警告；拒不改正的，责令停产停业整顿。用人单位还应当依法承担救治、保障等义务。

第三十五条　违反本条例规定，构成犯罪的，依法追究刑事责任；造成人身、财产损失的，依法承担赔偿责任。

第六章　附　则

第三十六条　本条例自2017年7月1日起施行。

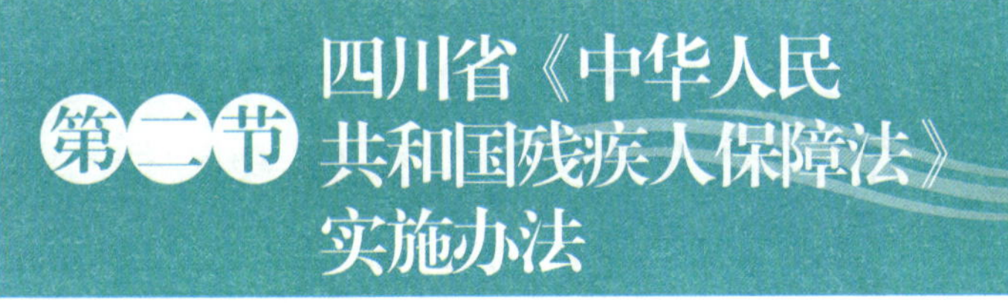

第二节 四川省《中华人民共和国残疾人保障法》实施办法

第一章　总　则

第一条　为维护残疾人合法权益，发展残疾人事业，保障残疾人平等地充分参与社会生活，共享社会物质文化成果，根据《中华人民共和国残疾人保障法》等法律、法规，结合四川省实际，制定本实施办法。

第二条　四川省行政区域内残疾人的康复、教育、劳动就业、文化生活、社会福利、无障碍环境等权益保障工作，适用本实施办法。

第三条　县级以上地方人民政府领导本行政区域内的残疾人事业工作，将残疾人事业纳入国民经济和社会发展规划。

县级以上地方人民政府的残疾人工作委员会，负责组织、协调、指导、督促有关部门依法做好残疾人事业工作，研究解决残疾人工作中的重大问题。

乡（镇）人民政府、城市街道办事处、城乡基层群众性自治组织应当配备专（兼）职人员做好残疾人服务工作。

第四条　理解、尊重、关心、帮助残疾人，支持残疾人事业，是国家机关、社会团体、企业事业组织、城乡基层群众性自治组织和成年公民的共同责任。

国家机关、社会团体、企业事业单位和城乡基层群众性自治组织应当按照各自职责或者行业要求做好残疾人工作。

广播、电视、报刊、网络等大众传播媒体应当加强宣传残疾人保障的法律、法规，宣传残疾人自立自强和扶残助残先进事迹，形成全社会尊重残疾人的风尚。

第五条　制定涉及残疾人权益保障事业工作的地方性法规、政府规章或者政策规划以及开展其他重大工作事项，应当听取残疾人组织和残疾人代表的意见。

第六条　地方各级残疾人联合会代表残疾人的共同利益，维护残疾人的合法权益，团结教育残疾人，为残疾人服务。

地方各级残疾人联合会依照法律、法规、章程或者接受政府委托，开展残疾人工作，动员社会力量，发展残疾人事业。

第七条　县级以上地方人民政府应当将残疾人事业经费列入本级财政预算，并逐步加大对残疾人事业经费的投入，建立健全稳定增长的残疾人事业经费保障机制。

地方各级体育彩票公益金留本级使用的资金按照8%以上的比例用于发展残疾人体育事业，社会福利彩票公益金留本级使用的资金按照不低于10%的比例用于发展残疾人福利事业，资金使用依法接受审计和监督。鼓励企事业单位、社会团体等组织和个人为残疾人提供捐助和服务，地方各级人民政府和有关部门对维护残疾人合法权益，发展残疾人事业，为残疾人服务做出显著成绩的单位和个人给予表彰。

第二章　康　复

第八条　县级以上地方人民政府应当将残疾人康复纳入基本医疗保障制度和基本医疗卫生服务体系，并将符合规定的残疾人基本医疗康复项目纳入城镇居民基本医疗保险、城镇职工基本医疗保险和新型农村合作医疗范围。

第九条　地方各级人民政府和有关部门应当根据需要建立公益性残疾人康复服务机构，并将符合条件的残疾人康复服务机构纳入城乡基本医疗保障定点医疗机构管理。

第十条　地方各级人民政府和有关部门应当组织和指导城乡社区服务组织、医疗预防保健机构、残疾人组织、残疾人福利企业事业单位、残疾人家庭和其他社会力量，建立健全以社区康复为基础、康复机构为骨干、残疾人家庭为依托的残疾人康复服务网络，保障残疾人享有康复服务的权利。

第十一条　县级以上地方人民政府应当建立残疾儿童抢救性康复救助制度，优先开展0至6周岁残疾儿童抢救性治疗和康复项目，提供包括早期筛查、康复指导、医疗康复、辅助器具适配和康复训练等内容的抢救性康复服务。

第十二条　县级以上地方人民政府应当将符合条件的城乡贫困残疾人纳入医疗救助范围，逐步提高救助标准；对贫困残疾人通过基本医疗保险和医疗救助渠道无法解决的康复费用予以补助；对贫困残疾人康复器械、辅助器具的配置和更换应当按相关规定给予补贴。

第三章　教　育

第十三条　县级以上地方人民政府应当将残疾人教育纳入全民教育总体规划和教育发展评价考核体系，保障残疾人享有平等受教育的权利。

县级以上地方人民政府应当开展残疾儿童学前教育，全面实施残疾儿童少年义务教育。逐步发展残疾人高中教育、高等教育，重视发展残疾人职业技术教育。确保残疾人义务教育与学前教育、高中教育和高等教育对接。

第十四条　人口30万以上的县（市、区）应当建设一所独立的特殊教育学校；不足30万人口的县（市、区），在市州范围内统筹建设一所特殊教育学校，对不适应在普通教育学校特教班或者随班就读学习的残疾人实施特殊义务教育。对具有在普通教育学校接受教育能力的残疾人，可在普通教育学校附设特殊教育班或者随班就读。

第十五条　特殊教育机构应当聘用特殊教育专业师资和生活服务人员，配备必要的生活、康复、教学、技术设备和无障碍设施，保障残疾人学习、生活等需要。

第十六条　鼓励和支持教育机构通过远程教育等方式为残疾人接受教育提供便利。

第十七条　县级以上地方人民政府教育行政主管部门应当为残疾人参加中考、高考等考试提供大字试卷、盲文试卷、手语翻译等便利条件。

第十八条　县级以上地方人民政府应当安排专项补助资金用于发展残疾人特殊教育。

对已建特殊教育学校和开办特殊教育班或者残疾人随班就读普通学校，应当按照当地义务教育生均公用经费3倍以上的标准拨付残疾学生生均公用经费，确保特殊教育教学工作正常运转。

第十九条　县级以上地方人民政府教育行政主管部门、人力资源和社会保障部门应当建立健全特殊教育教师资格认定、职称评定、培训考核和持证上岗制度。

从事特殊教育的教师和从事手语、盲文翻译的人员，享受国家规定的特教补贴。从事特殊教育累计满15年并在特殊教育岗位退休的，其享受的特教补贴计入退休金。

从事特殊教育的教师和从事手语、盲文翻译的人员，工作满10年以上的，发给特殊教育荣誉证书。

第四章　劳动就业

第二十条　地方各级人民政府应当对残疾人劳动就业进行统筹规

划，建立残疾人就业服务体系，拓宽残疾人就业渠道，制定优惠政策和扶持保护措施，保障残疾人就业权利。

第二十一条　鼓励和扶持残疾人自主择业与创业。地方各级人民政府应当积极完善资金扶持、税费减免、贷款贴息、社会保险补贴、岗位补贴等残疾人就业创业扶持政策。

第二十二条　国家机关、社会团体、企业事业单位、民办非企业单位等各类用人单位应当根据国家和地方有关规定履行安排残疾人就业的义务，按照不低于本单位在职职工1.6%的比例安置有一定劳动能力的残疾人就业。达不到规定比例的用人单位，应当按规定缴纳残疾人就业保障金，专项用于发展残疾人事业。

残疾人就业保障金的征缴、使用、管理和监督按照国家和省级有关规定执行。

第二十三条　地方各级人民政府开发的适合残疾人就业的公益性岗位，应当按不低于10%的比例优先安排残疾人就业，并按照国家和地方性规定给予公益性岗位补贴和社会保险补贴。

第二十四条　用人单位招用残疾人应当依法签订劳动合同，不得在招用、转正、晋级、职称评定、劳动报酬、生活福利、休息休假、社会保险等方面歧视残疾人。

禁止任何单位和个人强迫残疾人劳动或者从事街头乞讨等其他活动；禁止组织利用或者假冒残疾人从事违法活动。

第二十五条　鼓励和扶持兴办残疾人福利企业、盲人按摩机构和其他集中安置残疾人就业的福利性单位，并依照有关规定减免税费。

第二十六条　地方各级人民政府和城乡基层组织应当开展残疾人生产经营实用技术培训，组织和扶持有劳动能力的残疾人从事种植业、养殖业、手工业、社区服务业等形式的生产经营活动。将低收入残疾人和残疾人家庭脱贫列入城镇残疾人就业促进规划和农村扶贫开发计划，在项目、资金和政策措施上予以支持。

第二十七条　县级以上地方人民政府人力资源和社会保障部门要做好残疾人就业和失业登记工作。受人力资源和社会保障部门委托的残疾人就业服务机构可以办理就业和失业登记。

第二十八条　招用登记失业的残疾人，签订劳动合同并缴纳社会保险费的用人单位，在相应期限内享受社会保险补贴。登记失业的残疾人，灵活就业后申报就业并缴纳社会保险费的，按规定给予社会保险补贴。

第二十九条　县级以上地方人民政府人力资源和社会保障等有关主管部门在各自的职责范围内对残疾人就业进行监督检查。

第五章　文化生活

第三十条　政府和社会应当采取下列措施丰富残疾人的精神文化生活：

（一）组织和扶持残疾人开展群众性文化、体育、娱乐活动，培养残疾人文艺、体育人才；

（二）广播电台、电视台开办残疾人专栏节目和手语节目；

（三）鼓励和支持残疾人特需文化、体育产品的研发和供给以及残疾人题材文艺作品的创作。

第三十一条　残疾人凭残疾人证免费进入对公众开放的公园、动物园、植物园、纪念馆、美术馆、展览馆、博物馆、体育场(馆)、文化活动中心、体育活动中心、文物古迹遗址、风景名胜区、自然保护区等参观游览。

对盲人和重度肢体、智力、精神残疾人，允许一名陪护人员免费进入上述场所。

第六章　社会保障

第三十二条　地方各级人民政府应当保障残疾人优先享有各类社会福利与保障，帮助残疾人改善基本生活条件。

第三十三条　《中华人民共和国残疾人证》是残疾人依法享受优

惠政策和福利待遇的凭证。残疾人可向户籍所在地县级残疾人联合会提出申请办理残疾人证，县级残疾人联合会应当按照国家有关规定免费办理。

残疾人证只限本人使用，禁止伪造、假冒、转借、倒卖等。

第三十四条　地方各级人民政府对贫困残疾人参加城镇居民基本医疗保险、新型农村合作医疗的个人缴费部分按规定予以补助；为重度残疾人参加城镇居民社会养老保险和新型农村养老保险代缴全部最低标准保险费。

第三十五条　对靠父母、兄弟姐妹、配偶供养或者子女赡养的成年重度残疾人单独核定并按规定纳入低保范围。对享受最低生活保障待遇后生活仍有特别困难的残疾人家庭，县级以上地方人民政府应当采取其他措施保障其基本生活。

县级以上地方人民政府应当逐步建立困难残疾人生活补助制度。

对生活不能自理的残疾人，地方各级人民政府应当根据情况给予护理补贴。

第三十六条　残疾人搭乘汽车、火车、轮船、飞机等公共交通工具时，应当给予便利和优惠，允许免费携带随身必备的辅助器具。任何单位和个人不得拒载残疾人。

盲人和其他重度残疾人持残疾人证免费乘坐公共汽车、电车、地铁、轻轨、渡船等市内公共交通工具，随行的一名陪护人员可免费乘坐同车次公共交通工具。

第三十七条　残疾人依法购买机动代步交通工具、参加驾驶培训、办理牌证手续、参加保险、上路驾驶等，有关部门应当给予便利和优惠照顾。

第三十八条　公共服务机构应当为残疾人提供优先、优惠服务和辅助性服务。

广播电视、电信、网络等公共服务机构对视力残疾人、听力残疾人、言语残疾人和重度肢体残疾人给予优惠。

第三十九条　城镇保障性住房、农村危房改造等应当优先安排符合条件的残疾人家庭。

第四十条　县级以上地方人民政府应当建立残疾人法律救助工作协调机制，做好残疾人法律服务、法律援助工作，协调有关部门依法查处侵害残疾人合法权益的行为。

第七章　无障碍环境

第四十一条　新建、扩建和改建公共建筑、居住建筑、城市道路和居住区内道路、公共服务设施的建设单位，应当按照无障碍环境建设发展规划和国家无障碍设施标准建设无障碍设施。

文化、体育、娱乐和其他公共活动场所，应当设置专门的残疾人通道和服务设施，为残疾人提供方便和照顾。

第四十二条　地方各级人民政府和有关部门应当优先改造与残疾人日常工作、生活密切相关的公共服务设施，并对残疾人家庭住宅无障碍改造提供资助。

地方各级人民政府有关部门和产权单位应当加强对无障碍设施的维护和管理。任何单位和个人不得毁损、擅自占用无障碍设施或者改变无障碍设施的用途。

第四十三条　地方各级人民政府和有关部门应当为残疾人信息无障碍交流创造条件。政务信息公开应当采取信息无障碍措施，公共服务机构和公共场所应当创造条件，为残疾人提供语音和文字提示、手语、盲文等信息交流服务。

第四十四条　公共交通站（场）和公共交通工具应当配置无障碍设备，设置残疾人专用座椅。

第四十五条　公共停车场所应当在最方便的位置设置残疾人专用停车泊位和显著标志，供残疾人免费停放。禁止任何单位和个人占用。

50个以下车位的公共停车场应当设置1个残疾人专用停车泊位，50个以上车位的按不低于2%的比例设置。

第四十六条　县级以上地方人民政府有关部门应当按照各自的职责，依法对无障碍设施的规划、设计、建设、养护和使用实施监督管理。

残疾人组织对无障碍设施的规划、设计、建设、养护和使用有权提出意见和建议，有关部门应当依法及时处理。

第八章　法律责任

第四十七条　违反本实施办法规定的行为，法律、法规已有法律责任规定的，从其规定。

第四十八条　国家工作人员在残疾评定过程中弄虚作假或者不依法核发残疾人证的，由所在单位或者上级机关责令改正，并依法对直接负责的主管人员和其他直接责任人员予以批评教育或者处分。

伪造、假冒、转借、倒卖残疾人证的，由县级以上地方人民政府有关主管部门责令改正，并根据行为、后果等情节依法给予处分或者行政处罚。

第四十九条　用人单位未按照规定缴纳残疾人就业保障金的，由财政部门责令限期缴纳；逾期仍不缴纳的，除补缴欠缴的数额外，还应当自欠缴之日起，按日加收5‰的滞纳金。

第五十条　违反本实施办法规定，有下列行为之一的，由县级以上地方人民政府有关主管部门责令改正，并依法对直接负责的主管人员和其他直接责任人员给予处分；造成财产损失或者其他损害的，依法承担民事责任：

（一）用人单位虚报安排残疾人就业人数，获取相关税费减免优惠待遇的；

（二）用人单位未依法与残疾人签订劳动合同的；未依法为残疾人缴纳社会保险费的；其他侵犯残疾人劳动权益的；

（三）拒不执行残疾人优惠政策或者措施的。

第九章　附　则

第五十一条　本实施办法所称的重度残疾人，是指持有《中华人民共和国残疾人证》的一级、二级残疾人。

第五十二条　本实施办法自2012年9月1日起施行。

1. 无障碍设施的设计要求

1.1缘石坡道

1.1.1缘石坡道应符合下列规定：

①缘石坡道的坡面应平整、防滑；

②缘石坡道的坡口与车行道之间宜没有高差；当有高差时，高出车行道的地面不应大于10mm；

③宜优先选用全宽式单面坡缘石坡道。

1.1.2缘石坡道的坡度应符合下列规定：

①全宽式单面坡缘石坡道的坡度不应大于1：20；

②三面坡缘石坡道正面及侧面的坡度不应大于1：12；

③其他形式的缘石坡道的坡度均不应大于l：12。

1.1.3缘石坡道的宽度应符合下列规定：

①全宽式单面坡缘石坡道的宽度应与人行道宽度相同；

②三面坡缘石坡道的正面坡道宽度不应小于1.20m；

③其他形式的缘石坡道的坡口宽度均不应小于1.50m。

1.2盲道

1.2.1盲道应符合下列规定：

①盲道按其使用功能可分为行进盲道和提示盲道；

②盲道的纹路应凸出路面4mm高；

③盲道铺设应连续，应避开树木（穴）、电线杆、拉线等障碍物，其他设施不得占用盲道；

④盲道的颜色宜与相邻的人行道铺面的颜色形成对比，并与周围景观相协调，宜采用中黄色；

⑤盲道型材表面应防滑。

1.2.2行进盲道应符合下列规定：

①行进盲道应与人行道的走向一致；

②行进盲道的宽度宜为250mm-500mm；

③行进盲道宜在距围墙、花台、绿化带250mm-500mm处设置；

④行进盲道宜在距树池边缘250mm-500mm处设置；如无树池，行进盲道与路缘石上沿在同一水平面时，距路缘石不应小于500mm，行进盲道比路缘石上沿低时，距路缘石不应小于250mm；盲道应避开非机动车停放的位置；

⑤行进盲道的触感条规格应符合表3.2.2的规定。

表3.2.2行进盲道的触感条规格

部位	尺寸要求（mm）
面宽	25
底宽	35
高度	4
中心距	62-75

1.2.3提示盲道应符合下列规定：

①行进盲道在起点、终点、转弯处及其他有需要处应设提示盲道，当盲道的宽度不大于300mm时，提示盲道的宽度应大于行进盲道的宽度；

②提示盲道的触感圆点规格应符合表1.2.3的规定。

表1.2.3提示盲道的触感圆点规格

部位	尺寸要求（mm）
表面直径	25
底面直径	35
圆点高度	4
圆点中心距	50

1.3无障碍出入口

1.3.1无障碍出入口包括以下几种类别：

①平坡出入口；

②同时设置台阶和轮椅坡道的出入口；

③同时设置台阶和升降平台的出入口。

1.3.2无障碍出入口应符合下列规定：

①出入口的地面应平整、防滑；

②室外地面滤水箅子的孔洞宽度不应大于15mm；

③同时设置台阶和升降平台的出入口宜只应用于受场地限制无法改造坡道的工程。并应符合本规范第1.7.3条的有关规定；

④除平坡出入口外，在门完全开启的状态下，建筑物无障碍出入口的平台的净深度不应小于1.50m；

⑤建筑物无障碍出入口的门厅、过厅如设置两道门，门扇同时开启时两道门的间距不应小于1.50m；

⑥建筑物无障碍出入口的上方应设置雨棚。

1.3.3无障碍出入口的轮椅坡道及平坡出入口的坡度应符合下列规定：

①平坡出入口的地面坡度不应大于1：20，当场地条件比较好时，不宜大于1：30；

②同时设置台阶和轮椅坡道的出入口，轮椅坡道的坡度应符合本规范第3.4节的有关规定。

1.4轮椅坡道

1.4.1轮椅坡道宜设计成直线形、直角形或折返形。

1.4.2轮椅坡道的净宽度不应小于1.00m，无障碍出入口的轮椅坡道净宽度不应小于1.20m。

1.4.3轮椅坡道的高度超过300mm且坡度大于1：20时，应在两侧设置扶手，坡道与休息平台的扶手应保持连贯，扶手应符合本规范第1.8节的相关规定。

1.4.4轮椅坡道的最大高度和水平长度应符合表1.4.4的规定。

表1.4.4轮椅坡道的最大高度和水平长度

坡度	1:20	1:16	1:12	1:10	1:8
最大高度（m）	1.20	0.90	0.75	0.60	0.30
水平长度（m）	24.00	14.40	9.00	6.00	2.40

注：其他坡度可用插入法进行计算。

1.4.5轮椅坡道的坡面应平整、防滑、无反光。

1.4.6轮椅坡道起点、终点和中间休息平台的水平长度不应小于1.50m。

1.4.7轮椅坡道临空侧应设置安全阻挡措施。

1.4.8轮椅坡道应设置无障碍标志，无障碍标志应符合本规范第3.16节的有关规定。

1.5无障碍通道、门

1.5.1无障碍通道的宽度应符合下列规定：

①室内走道不应小于1.20m，人流较多或较集中的大型公共建筑的室内走道宽度不宜小于1.80m；

②室外通道不宜小于1.80m；

③检票口、结算口轮椅通道不应小于900mm。

1.5.2无障碍通道应符合下列规定：

①无障碍通道应连续，其地面应平整、防滑、反光小或无反光，并不宜设置厚地毯；

②无障碍通道上有高差时，应设置轮椅坡道；

③室外通道上的雨水箅子的孔洞宽度不应大于15mm；

④固定在无障碍通道的墙、立柱上的物体或标牌距地面的高度不应小于2.00m；如小于2.00m时，探出部分的宽度不应大于100mm；如突出部分大于100mm，则其距地面的高度应小于600mm；

⑤斜向的自动扶梯、楼梯等下部空间可以进入时，应设置安全挡牌。

1.5.3门的无障碍设计应符合下列规定：

①不应采用力度大的弹簧门并不宜采用弹簧门、玻璃门；当采用玻璃门时，应有醒目的提示标志；

②自动门开启后通行净宽度不应小于1.00m；

③平开门、推拉门、折叠门开启后的通行净宽度不应小于800mm，有条件时，不宜小于900mm；

④在门扇内外应留有直径不小于1.50m的轮椅回转空间；

⑤在单扇平开门、推拉门、折叠门的门把手一侧的墙面，应设宽度不小于400mm的墙面；

⑥平开门、推拉门、折叠门的门扇应设距地900mm的把手，宜设视线观察玻璃，并宜在距地350mm范围内安装护门板；

⑦门槛高度及门内外地面高差不应大于15mm，并以斜面过渡；

⑧无障碍通道上的门扇应便于开关；

⑨宜与周围墙面有一定的色彩反差，方便识别。

1.6无障碍楼梯、台阶

1.6.1无障碍楼梯应符合下列规定：

①宜采用直线形楼梯；

②公共建筑楼梯的踏步宽度不应小于280mm，踏步高度不应大于160mm；

③不应采用无踢面和直角形突缘的踏步；

④宜在两侧均设置扶手；

⑤如采用栏杆式楼梯，在栏杆下方宜设置安全阻挡措施；

⑥踏面应平整防滑或在踏面前缘设防滑条；

⑦距踏步起点和终点250mm-300mm宜设提示盲道；

⑧踏面和踢面的颜色宜有区分和对比；

⑨楼梯上行及下行的第一阶宜在颜色或材质上与平台有明显区别。

1.6.2台阶的无障碍设计应符合下列规定：

①公共建筑的室内外台阶踏步宽度不宜小于300mm，踏步高度不宜大于150mm，并不应小于100mm；

②踏步应防滑；

③三级及三级以上的台阶应在两侧设置扶手；

④台阶上行及下行的第一阶宜在颜色或材质上与其他阶有明显区别。

1.7无障碍电梯、升降平台

1.7.1无障碍电梯的候梯厅应符合下列规定：

①候梯厅深度不宜小于1.50m，公共建筑及设置病床梯的候梯厅深度不宜小于1.80m；

②呼叫按钮高度为0.90m-1.10m；

③电梯门洞的净宽度不宜小于900mm；

④电梯出入口处宜设提示盲道；

⑤候梯厅应设电梯运行显示装置和抵达音响。

1.7.2无障碍电梯的轿厢应符合下列规定：

①轿厢门开启的净宽度不应小于800mm；

②在轿厢的侧壁上应设高0.90m-1.10m带盲文的选层按钮，盲文宜设置于按钮旁；

③轿厢的三面壁上应设高850mm-900mm扶手，扶手应符合本规范第3.8节的相关规定；

④轿厢内应设电梯运行显示装置和报层音响；

⑤轿厢正面高900mm处至顶部应安装镜子或采用有镜面效果的材料；

⑥轿厢的规格应依据建筑性质和使用要求的不同而选用。最小规格为深度不应小于1.40m，宽度不应小于1.10m；中型规格为深度不应小于1.60m，宽度不应小于1.40m；医疗建筑与老人建筑宜选用病床专用电梯；

⑦电梯位置应设无障碍标志，无障碍标志应符合本规范第3.16节的有关规定。

1.7.3升降平台应符合下列规定：

①升降平台只适用于场地有限的改造工程；

②垂直升降平台的深度不应小于1.20m，宽度不应小于900mm，应设扶手、挡板及呼叫控制按钮；

③垂直升降平台的基坑应采用防止误入的安全防护措施；

④斜向升降平台宽度不应小于900mm，深度不应小于1.00m，应设扶手和挡板；

⑤垂直升降平台的传送装置应有可靠的安全防护装置。

1.8扶手

1.8.1无障碍单层扶手的高度应为850mm-900mm，无障碍双层扶手的上层扶手高度应为850mm-900mm，下层扶手高度应为650mm-700mm。

1.8.2扶手应保持连贯，靠墙面的扶手的起点和终点处应水平延伸不小于300mm的长度。

1.8.3扶手末端应向内拐到墙面或向下延伸不小于100mm，栏杆式扶手应向下成弧形或延伸到地面上固定。

1.8.4扶手内侧与墙面的距离不应小于40mm。

1.8.5扶手应安装坚固，形状易于抓握。圆形扶手的直径应为35mm-50mm，矩形扶手的截面尺寸应为35mm-50mm。

1.8.6扶手的材质宜选用防滑、热惰性指标好的材料。

1.9公共厕所、无障碍厕所

1.9.1公共厕所的无障碍设计应符合下列规定：

①女厕所的无障碍设施包括至少1个无障碍厕位和1个无障碍洗手盆；男厕所的无障碍设施包括至少1个无障碍厕位、1个无障碍小便器和1个无障碍洗手盆；

②厕所的入口和通道应方便乘轮椅者进入和进行回转，回转直径不小于1.50m；

③门应方便开启，通行净宽度不应小于800mm；

④地面应防滑、不积水；

⑤无障碍厕位应设置无障碍标志，无障碍标志应符合本规范第3.16节的有关规定。

1.9.2无障碍厕位应符合下列规定：

①无障碍厕位应方便乘轮椅者到达和进出，尺寸宜做到2.00m×1.50m，不应小于1.80m×1.00m；

②无障碍厕位的门宜向外开启，如向内开启，需在开启后厕位内留有直径不小于1.50m的轮椅回转空间，门的通行净宽不应小于800mm，平开门外侧应设高900mm的横扶把手，在关闭的门扇里侧设高900mm的关门拉手，并应采用门外可紧急开启的插销；

③厕位内应设坐便器，厕位两侧距地面700mm处应设长度不小于700mm的水平安全抓杆，另一侧应设高1.40m的垂直安全抓杆。

1.9.3无障碍厕所的无障碍设计应符合下列规定：

①面积不应小于4.00m^2；位置宜靠近公共厕所，应方便乘轮椅者进入和进行回转，回转直径不小于1.50m；

②当采用平开门，门扇宜向外开启，如向内开启，需在开启后

留有直径不小于1.50m的轮椅回转空间，门的通行净宽度不应小于800mm，平开门应设高900mm的横扶把手，在门扇里侧应采用门外可紧急开启的门锁；

③地面应防滑、不积水；

④内部应设坐便器、洗手盆、多功能台、挂衣钩和呼叫按钮；

⑤坐便器应符合本规范第3.9.2条的有关规定，洗手盆应符合本规范第1.9.4条的有关规定；

⑥多功能台长度不宜小于700mm，宽度不宜小于400mm，高度宜为600mm；

⑦安全抓杆的设计应符合本规范第3.9.4条的有关规定；

⑧挂衣钩距地面高度不应大于1.20m；

⑨在坐便器旁的墙面上应设高400mm-500mm的救助呼叫按钮；

⑩入口应设置无障碍标志，无障碍标志应符合本规范第1.16节的有关规定。

1.9.4厕所里的其他无障碍设施应符合下列规定：

①无障碍小便器下口距地面高度不应大于400mm，小便器两侧应在离墙面250mm处，设高度为1.20m的垂直安全抓杆，并在离墙面550mm处，设高度为900mm水平安全抓杆，与垂直安全抓杆连接；

②无障碍洗手盆的水嘴中心距侧墙应大于550mm，其底部应留出宽750mm、高650mm、深450mm供乘轮椅者膝部和足尖部的移动空间，并在洗手盆上方安装镜子，出水龙头宜采用杠杆式水龙头或感应式自动出水方式；

③安全抓杆应安装牢固，直径应为30mm-40mm，内侧距墙不应小于40mm；

④取纸器应设在坐便器的侧前方，高度为400mm-500mm。

1.10公共浴室

1.10.1公共浴室的无障碍设计应符合下列规定：

①公共浴室的无障碍设施包括1个无障碍淋浴间或盆浴间以及1个无障碍洗手盆；

②公共浴室的入口和室内空间应方便乘轮椅者进入和使用，浴室内部应能保证轮椅进行回转，回转直径不小于1.50m；

③浴室地面应防滑、不积水；

④浴间入口宜采用活动门帘，当采用平开门时，门扇应向外开启，设高900mm的横扶把手，在关闭的门扇里侧设高900mm的关门拉手，并应采用门外可紧急开启的插销；

⑤应设置一个无障碍厕位。

1.10.2无障碍淋浴间应符合下列规定：

①无障碍淋浴间的短边宽度不应小于1.50m；

②淋浴间坐台高度宜为450mm，深度不宜小于450mm；

③淋浴间应设距地面高700mm的水平抓杆和高1.40m-1.60m的垂直抓杆；

④淋浴间内的淋浴喷头的控制开关的高度距地面不应大于1.20m；

⑤毛巾架的高度不应大于1.20m。

1.10.3无障碍盆浴间应符合下列规定：

①在浴盆一端设置方便进入和使用的坐台，其深度不应小于400mm；

②浴盆内侧应设高600mm和900mm的两层水平抓杆，水平长度不小于800mm；洗浴坐台一侧的墙上设高900mm、水平长度不小于600mm的安全抓杆；

③毛巾架的高度不应大于1.20m。

1.11无障碍客房

1.11.1无障碍客房应设在便于到达、进出和疏散的位置。

1.11.2房间内应有空间能保证轮椅进行回转，回转直径不小于1.50m。

1.11.3无障碍客房的门应符合本规范第3.5节的有关规定。

1.11.4无障碍客房卫生间内应保证轮椅进行回转，回转直径不小于1.50m，卫生器具应设置安全抓杆，其地面、门、内部设施应符合本规范第3.9.3条、第3.10.2条及第3.10.3条的有关规定。

1.11.5无障碍客房的其他规定：

①床间距离不应小于1.20m；

②家具和电器控制开关的位置和高度应方便乘轮椅者靠近和使用，床的使用高度为450mm；

③客房及卫生间应设高400mm-500mm的救助呼叫按钮；

④客房应设置为听力障碍者服务的闪光提示门铃。

1.12无障碍住房及宿舍

1.12.1户门及户内门开启后的净宽应符合本规范第3.5节的有关规定。

1.12.2通往卧室、起居室（厅）、厨房、卫生间、储藏室及阳台的通道应为无障碍通道，并按照本规范第3.8节的要求在一侧或两侧设置扶手。

1.12.3浴盆、淋浴、坐便器、洗手盆及安全抓杆等应符合本规范第3.9节、第3.10节的有关规定。

1.12.4无障碍住房及宿舍的其他规定：

①单人卧室面积不应小于7.00m²，双人卧室面积不应小于10.50m²，兼起居室的卧室面积不应小于16.00m²，起居室面积不应小于14.00m²，厨房面积不应小于6.00m²；

②设坐便器、洗浴器（浴盆或淋浴）、洗面盆三件卫生洁具的卫生间面积不应小于4.00m²；设坐便器、洗浴器两件卫生洁具的卫生间面积不应小于3.00m²；设坐便器、洗面盆两件卫生洁具的卫生间面积不应小于2.50m²；单设坐便器的卫生间面积不应小于2.00m²；

③供乘轮椅者使用的厨房，操作台下方净宽和高度都不应小于650mm，深度不应小于250mm；

④居室和卫生间内应设求助呼叫按钮；

⑤家具和电器控制开关的位置和高度应方便乘轮椅者靠近和使用；

⑥供听力障碍者使用的住宅和公寓应安装闪光提示门铃。

1.13轮椅席位

1.13.1轮椅席位应设在便于到达疏散口及通道的附近，不得设在公共通道范围内。

1.13.2观众厅内通往轮椅席位的通道宽度不应小于1.20m。

1.13.3轮椅席位的地面应平整、防滑，在边缘处宜安装栏杆或栏板。

1.13.4每个轮椅席位的占地面积不应小于1.10m×0.80m。

1.13.5在轮椅席位上观看演出和比赛的视线不应受到遮挡，但也不应遮挡他人的视线。

1.13.6在轮椅席位旁或在邻近的观众席内宜设置1：1的陪护席位。

1.13.7轮椅席位处地面上应设置无障碍标志，无障碍标志应符合本规范第3.16节的有关规定。

1.14无障碍机动车停车位

1.14.1应将通行方便、行走距离路线最短的停车位设为无障碍机动车停车位。

1.14.2无障碍机动车停车位的地面应涂有停车线、轮椅通道线和无障碍标志。

1.14.3无障碍机动车停车位一侧，应设宽度不小于1.20m的通道，供乘轮椅者从轮椅通道直接进入人行道和到达无障碍出入口。

1.14.4无障碍机动车停车位的地面应涂有停车线、轮椅通道线和无障碍标志。

1.15低位服务设施

1.15.1设置低位服务设施的范围包括问询台、服务窗口、电话台、安检验证台、行李托运台、借阅台、各种业务台、饮水机等。

1.15.2低位服务设施上表面距地面高度宜为700mm-850mm，其下部宜至少留出宽750mm，高650mm，深450mm供乘轮椅者膝部和足尖部移动的空间。

1.15.3低位服务设施前应有轮椅回转空间，回转直径不小于

1.50m。

1.15.4挂式电话离地面不应高于900mm。

1.16无障碍标识系统、信息无障碍

1.16.1无障碍标志应符合下列规定：

①无障碍标志包括下列几种：

通用的无障碍标志应符合本规范附录A的规定；

无障碍设施标志牌符合本规范附录B的规定；

带指示方向的无障碍设施标志牌符合本规范附录C的规定。

②无障碍标志应醒目，避免遮挡。

③无障碍标志应纳入城市环境或建筑内部的引导标志系统，形成完整的系统，清楚地指明无障碍设施的走向及位置。

1.16.2盲文标志应符合下列规定：

①盲文标志可分成盲文地图、盲文铭牌、盲文站牌；

②盲文标志的盲文必须采用国际通用的盲文表示方法。

1.16.3信息无障碍应符合下列规定：

①根据需求，因地制宜设置信息无障碍的设备和设施，使人们便捷地获取各类信息；

②信息无障碍设备和设施位置和布局应合理。

2. 城市道路

2.1实施范围

2.1.1城市道路无障碍设计的范围应包括：

①城市各级道路；

②城镇主要道路；

③步行街；

④旅游景点、城市景观带的周边道路。

2.1.2城市道路、桥梁、隧道、立体交叉中人行系统均应进行无障碍设计，无障碍设施应沿行人通行路径布置。

2.1.3人行系统中的无障碍设计主要包括人行道、人行横道、人行天桥及地道、公交车站。

2.2人行道

2.2.1人行道处缘石坡道设计应符合下列规定：

①人行道在各种路口、各种出入口位置必须设置缘石坡道；

②人行横道两端必须设置缘石坡道。

2.2.2人行道处盲道设置应符合下列规定：

①城市主要商业街、步行街的人行道应设置盲道；

②视觉障碍者集中区域周边道路应设置盲道；

③坡道的上下坡边缘处应设置提示盲道；

④道路周边场所、建筑等出入口设置的盲道应与道路盲道相衔接。

2.2.3人行道的轮椅坡道设置应符合下列规定：

①人行道设置台阶处，应同时设置轮椅坡道；

②轮椅坡道的设置应避免干扰行人通行及其他设施的使用。

2.2.4人行道处服务设施设置应符合下列规定：

①服务设施的设置应为残障人士提供方便；

②宜为视觉障碍者提供触摸及音响一体化信息服务设施；

③设置屏幕信息服务设施，宜为听觉障碍者提供屏幕手语及字幕信息服务；

④低位服务设施的设置，应方便乘轮椅者使用；

⑤设置休息座椅时，应设置轮椅停留空间。

2.3人行横道

2.3.1人行横道范围内的无障碍设计应符合下列规定：

①人行横道宽度应满足轮椅通行需求；

②人行横道安全岛的形式应方便乘轮椅者使用；

③城市中心区及视觉障碍者集中区域的人行横道，应配置过街音响提示装置。

2.4人行天桥及地道

2.4.1盲道的设置应符合下列规定：

①设置于人行道中的行进盲道应与人行天桥及地道出入门处的提示盲道相连接；

②人行天桥及地道出入口处应设置提示盲道；

③距每段台阶与坡道的起点与终点250mm-500mm处应设提示盲道，其长度应与坡道、梯道相对应。

2.4.2人行天桥及地道处坡道与无障碍电梯的选择应符合下列规定：

①要求满足轮椅通行需求的人行天桥及地道处宜设置坡道，当设置坡道有困难时，应设置无障碍电梯；

②坡道的净宽度不应小于2.00m；

③坡道的坡度不应大于1:12；

④弧线形坡道的坡度，应以弧线内缘的坡度进行计算；

⑤坡道的高度每升高1.50m时，应设深度不小于2.00m的中间平台；

⑥坡道的坡面应平整、防滑。

2.4.3扶手设置应符合下列规定：

①人行天桥及地道在坡道的两侧应设扶手，扶手宜设上、下两层；

②在栏杆下方宜设置安全阻挡措施；

③扶手起点水平段宜安装盲文铭牌。

2.4.4当人行天桥及地道无法满足轮椅通行需求时，宜考虑地面安全通行。

2.4.5人行天桥桥下的三角区净空高度小于2.00m时，应安装防护设施，并应在防护设施外设置提示盲道。

2.5公交车站

2.5.1公交车站处站台设计应符合下列规定：

①站台有效通行宽度不应小于1.50m；

②在车道之间的分隔带设公交车站时应方便乘轮椅者使用。

2.5.2盲道与盲文信息布置应符合下列规定：

①站台距路缘石250mm-500mm处应设置提示盲道，其长度应与公交车站的长度相对应；

②当人行道中设有盲道系统时，应与公交车站的盲道相连接；

③宜设置盲文站牌或语音提示服务设施，盲文站牌的位置、高度、形式与内容应方便视觉障碍者的使用。

2.6无障碍标识系统

2.6.1无障碍设施位置不明显时，应设置相应的无障碍标识系统。

2.6.2无障碍标志牌应沿行人通行路径布置，构成标识引导系统。

2.6.3无障碍标志牌的布置应与其他交通标志牌相协调。

3. 城市广场

3.1实施范围

3.1.1城市广场进行无障碍设计的范围应包括下列内容：

①公共活动广场；

②交通集散广场。

3.2实施部位和设计要求

3.2.1城市广场的公共停车场的停车数在50辆以下时应设置不少于1个无障碍机动车停车位，100辆以下时应设置不少于2个无障碍机动车停车位，100辆以上时应设置不少于总停车数2%的无障碍机动车停车位。

3.2.2城市广场的地面应平整、防滑、不积水。

3.2.3城市广场盲道的设置应符合下列规定：

①设有台阶或坡道时，距每段台阶与坡道的起点与终点250mm-500mm处应设提示盲道，其长度应与台阶、坡道相对应，宽度应为250mm-500mm；

②人行道中有行进盲道时，应与提示盲道相连接。

3.2.4城市广场的地面有高差时坡道与无障碍电梯的选择应符合下列规定：

①设置台阶的同时应设置轮椅坡道；

②当设置轮椅坡道有困难时。可设置无障碍电梯。

3.2.5城市广场内的服务设施应同时设置低位服务设施。

3.2.6男、女公共厕所均应满足本规范第8.13节的有关规定。

3.2.7城市广场的无障碍设施的位置应设置无障碍标志，无障碍标志应符合本规范第3.16节的有关规定，带指示方向的无障碍设施标志牌应与无障碍设施标志牌形成引导系统，满足通行的连续性。

4. 城市绿地

4.1实施范围

4.1.1城市绿地进行无障碍设计的范围应包括下列内容：

①城市中的各类公园，包括综合公园、社区公园、专类公园、带状公园、街旁绿地等；

②附属绿地中的开放式绿地；

③对公众开放的其他绿地。

4.2公园绿地

4.2.1公园绿地停车场的总停车数在50辆以下时应设置不少于1个无障碍机动车停车位，100辆以下时应设置不少于2个无障碍机动车停车位，100辆以上时应设置不少于总停车数2%的无障碍机动车停车位。

4.2.2售票处的无障碍设计应符合下列规定：

①主要出入口的售票处应设置低位售票窗口；

②低位售票窗口前地面有高差时，应设轮椅坡道以及不小于1.50m×1.50m的平台；

③售票窗口前应设提示盲道，距售票处外墙应为250mm-500mm。

4.2.3出入口的无障碍设计应符合下列规定：

①主要出入口应设置为无障碍出入口，设有自动检票设备的出入口，也应设置专供乘轮椅者使用的检票口；

②出入口检票口的无障碍通道宽度不应小于1.20m；

③出入口设置车挡时，车挡间距不应小于900mm。

4.2.4无障碍游览路线应符合下列规定：

①无障碍游览主园路应结合公园绿地的主路设置，应能到达部分主要景区和景点，并宜形成环路，纵坡宜小于5%，山地公园绿地的无障碍游览主园路纵坡应小于8%；无障碍游览主园路不宜设置台阶、梯道，必须设置时应同时设置轮椅坡道；

②无障碍游览支园路应能连接主要景点，并和无障碍游览主园路相连，形成环路；小路可到达景点局部，不能形成环路时，应便于折返，无障碍游览支园路和小路的纵坡应小于8%；坡度超过8%时，路面应作防滑处理，并不宜轮椅通行；

③园路坡度大于8%时，宜每隔10.00m-20.00m在路旁设置休息平台；

④紧邻湖岸的无障碍游览园路应设置护栏，高度不低于900mm；

⑤在地形险要的地段应设置安全防护设施和安全警示线；

⑥路面应平整、防滑、不松动。园路上的窨井盖板应与路面平齐，排水沟的滤水箅子孔的宽度不应大于15mm。

4.2.5游憩区的无障碍设计应符合下列规定：

①主要出入口或无障碍游览园路沿线应设置一定面积的无障碍游憩区；

②无障碍游憩区应方便轮椅通行，有高差时应设置轮椅坡道，地面应平整、防滑、不松动；

③无障碍游憩区的广场树池宜高出广场地面，与广场地面相平的

树池应加箅子。

4.2.6常规设施的无障碍设计应符合下列规定：

①在主要出入口、主要景点和景区，无障碍游憩区内的游憩设施、服务设施、公共设施、管理设施应为无障碍设施；

②游憩设施的无障碍设计应符合下列规定：

在没有特殊景观要求的前提下，应设为无障碍游憩设施；

单体建筑和组合建筑包括亭、廊、榭、花架等，若有台明和台阶时，台明不宜过高，入口应设置坡道，建筑室内应满足无障碍通行；

建筑院落的出入口以及院内广场、通道有高差时，应设置轮椅坡道；有三个以上出入口时，至少应设两个无障碍出入口，建筑院落的内廊或通道的宽度不应小于1.20m；

码头与无障碍园路和广场衔接处有高差时应设置轮椅坡道；

无障碍游览路线上的桥应为平桥或坡度在8%以下的小拱桥，宽度不应小于1.20m，桥面应防滑，两侧应设栏杆。桥面与园路、广场衔接有高差时应设轮椅坡道。

③服务设施的无障碍设计应符合下列规定：

小卖店等的售货窗口应设置低位窗口；

茶座、咖啡厅、餐厅、摄影部等出入口应为无障碍出入口，应提供一定数量的轮椅席位；

服务台、业务台、咨询台、售货柜台等应设有低位服务设施。

④公共设施的无障碍设计应符合下列规定：

公共厕所应满足本规范第8.13节的有关规定，大型园林建筑和主要游览区应设置无障碍厕所；

饮水器、洗手台、垃圾箱等设置应方便乘轮椅者使用；

游客服务中心应符合本规范第8.8节的有关规定；

休息座椅旁应设置轮椅停留空间。

⑤管理设施的无障碍设计应符合本规范第8.2节的有关规定。

4.2.7标识与信息应符合下列规定：

①主要出入口、无障碍通道、停车位、建筑出入口、公共厕所等无障碍设施的位置应设置无障碍标志，并应形成完整的无障碍标识系统，清楚地指明无障碍设施的走向及位置，无障碍标志应符合第3.16节的有关规定；

②应设置系统的指路牌、定位导览图、景区景点和园中园说明牌；

③出入口应设置无障碍设施位置图、无障碍游览图；

④危险地段应设置必要的警示、提示标志及安全警示线。

4.2.8不同类别的公园绿地的特殊要求：

①大型植物园宜设置盲人植物区域或者植物角，并提供语音服务、盲文铭牌等供视觉障碍者使用的设施；

②绿地内展览区、展示区、动物园的动物展示区应设置便于乘轮椅者参观的窗口或位置。

4.3附属绿地

4.3.1附属绿地中的开放式绿地应进行无障碍设计。

4.3.2附属绿地中的无障碍设计应符合本规范第4.2节的有关规定。

4.4其他绿地

4.4.1其他绿地中的开放式绿地应进行无障碍设计。

4.4.2其他绿地的无障碍设计应符合本规范第4.2节的有关规定。

第四节 无障碍环境检测表

景区环境检测表

检测项目	检测内容	是	否
停车场	1.设有无障碍停车位方便上下车（宽度、空间）		
	2.停车场无障碍停车位铺设为透水性地砖（如环保#字形空心砖，凹凸不平）		
	3.停车场无障碍停车位铺设为水泥硬平面		
	4.有专人服务协助代客停车		
服务中心主要出入口	1.出入口为斜坡道（大于1:12以上坡度面）		
	2.出入口斜坡宽度足够轮椅进出（大于80厘米）		
	3.出入口为阶梯（阶）		
	4.出入口门型方便进出(可多选：□横式门、□推拉门、□旋转门、□自动门)		
	5.出入口门宽方便进出		
	6.出入口设有门槛（厘米）		
	7.室内动线宽度方便通行		
服务柜台	1.柜台（服务台）高度过高（高于72厘米以上）		
	2.柜台服务人员积极服务		

检测项目	检测内容	是	否
公共区域设施设备	1.无障碍厕所至少一间		
	2.无障碍厕所门宽足够轮椅进出		
	3.无障碍厕所内部净空间可容轮椅回旋（150平方厘米以上）		
	4.无障碍厕所马桶一侧空间净宽有75厘米以上		
	5.无障碍厕所马桶设有扶手（标准为：1.□L形扶手+2.□可动式扶手）		
	6.无障碍厕所洗手台高度适合轮椅使用		
	7.无障碍厕所洗手台下方有净空间可容轮椅正面接近		
	8.无障碍厕所镜子高度适合轮椅使用		
	9.无障碍厕所设有紧急求助铃或对讲机		
	10.男厕所小便池有一座设有扶手		
电梯	1.升降机门宽足够轮椅进出		
	2.升降机空间足够轮椅回旋		
	3.任一边的侧面有副操控盘，且上层按键高度在85厘米以下		
	4.两侧设有扶手（圆形、2.8厘米以下）		
	5.主操控志楼层按键设有点字（□点字在左边；□点字在右边）		
	6.门的对向面设有镜子，底部高度在90厘米以上		
景区周边动线环境	1.主要动线路面平坦至少可通行到一处特色景点		
	2.主要动线路面宽度足够通行（90厘米以上），且在适当处设计有会车平台或等待区		
	3.主要动线路面与周边动线路径有落差时有设计坡道衔接起来		

检测项目	检测内容	是	否
景区周边环境公共厕所或无障碍厕所	1.无障碍厕所出入口为斜坡道（大于1：12以上坡度面）		
	2.无障碍厕所门宽足够轮椅进出		
	3.无障碍厕所内部净空间可容轮椅回旋（150平方厘米以上）		
	4.无障碍厕所马桶一侧空间净宽有75厘米以上		
	5.无障碍厕所马桶设有扶手（标准为：1.□L形扶手+2.□可动式扶手）		
	6.无障碍厕所洗手台高度适合轮椅使用		
	7.无障碍厕所洗手台下方有净空间可容轮椅正面接近		
	8.无障碍厕所镜子高度适合轮椅使用		
	9.无障碍厕所设有紧急求助铃或对讲机		
旅游景区或游乐区的住宿客房	1.客房出入口为斜坡道（1：12以上坡度面）		
	2.客房出入口斜坡道宽度足够轮椅进出（大于80厘米）		
	3.客房出入口为阶梯（阶）		
	4.客房出入口门型方便进出(可多选：□横式门、□推拉门、□旋转门、□自动门)		
	5.客房出入口设有门槛（ 厘米）		
	6.无障碍客房（间）		
	7.无障碍客房出入门宽足够轮椅进出		
	8.无障碍客房门内动线宽度方便通行		
	9.无障碍客房盥洗室门宽足够轮椅进出		
	10.无障碍客房盥洗室前有门槛		

检测项目	检测内容	是	否
旅游景区或游乐区的住宿客房	11.无障碍客房盥洗室门宽可容轮椅回旋（150平方厘米以上）		
	12.无障碍客房盥洗室马桶一侧净宽有75厘米以上		
	13.无障碍客房盥洗室马桶设有扶手（标准为：1.□L形扶手+2.□可动式扶手）		
	14.无障碍客房盥洗室洗手台高度适合轮椅使用		
	15.无障碍客房盥洗室洗手台下方有净空间可容轮椅正面接近		
	16.无障碍客房盥洗室镜子高度适合轮椅使用		
	17.无障碍客房盥洗室设有紧急求助铃或对讲机		
	18.盥洗室有壁挂式、固定式【洗澡椅】使用		
	19.盥洗室淋浴开关方便操作		
	20.盥洗室有浴缸型设备方便使用		
	21.客房的衣架间设施设备方便使用		
餐饮区	1.餐饮出入口为斜坡道（1:12以上坡度面）		
	2.餐饮出入口斜坡道宽度足够轮椅进出（大于80厘米）		
	3.餐饮出入口为阶梯（阶）		
	4.餐饮出入口门型方便进出(可多选：□横式门、□推拉门、□旋转门、□自动门)		
	5.餐饮出入口设有门槛（厘米）		
	6.餐饮楼层电梯可到达		
	7.餐桌方便轮椅入座、离席		
	8.开放式取餐区方便取餐		

检测项目	检测内容	是	否
辅具	9.有服务人员协助取餐		
	10.结账柜台服务方便使用		
	11.提供轮椅租借服务（□免费；□收费 元）		

住宿、饭店环境检测表

检测项目	检测内容	是	否
停车场	1.设有无障碍停车位方便上下车（宽度、空间）		
	2.停车场无障碍停车位铺设为透水性地砖（如环保#字形空心砖，凹凸不平）		
	3.停车场无障碍停车位铺设为水泥硬平面		
	4.有专人服务协助代客停车		
建筑物主要出入口	1.出入口为斜坡道（大于1：12以上坡度面）		
	2.出入口斜坡宽度足够轮椅进出（大于80厘米）		
	3.出入口为阶梯（ 阶）		
	4.出入口门型方便进出（可多选：□横式门、□推拉门、□旋转门、□自动门）		
	5.出入口门宽方便进出		
	6.出入口设有门槛（厘米）		
	7.室内动线宽度方便通行		
接待柜台	1.柜台（服务台）高度过高（高于75厘米以上）		
	2.柜台服务人员积极服务		

检测项目	检测内容	是	否
公共区设施设备	1.无障碍厕所至少一间		
	2.无障碍厕所门宽足够轮椅进出		
公共区设施设备	3.无障碍厕所内部净空间可容轮椅回旋（150平方厘米以上）		
	4.无障碍厕所马桶一侧空间净宽有75厘米以上		
	5.无障碍厕所马桶设有扶手（标准为：1.□L形扶手+2.□可动式扶手）		
	6.无障碍厕所洗手台高度适合轮椅使用		
	7.无障碍厕所洗手台下方有净空间可容轮椅正面接近		
	8.无障碍厕所镜子高度适合轮椅使用		
	9.无障碍厕所设有紧急求助铃或对讲机		
	10.男厕所小便池有一座设有扶手		
电梯	1.升降机门宽足够轮椅进出		
	2.升降机空间足够轮椅回旋		
	3.任一边的侧面有副操控盘，且上层按键高度在85厘米以下		
	4.两侧设有扶手（圆形、2.8厘米以下）		
	5.主操控制楼层按键设有点字（□点字在左边；□点字在右边）		
	6.门的对向面设有镜子，底部高度在90厘米以上		
客房、盥洗室	1.无障碍客房（间）		
	2.无障碍客房出入门宽足够轮椅进出		
	3.无障碍客房门内动线宽度方便通行		

检测项目	检测内容	是	否
客房、盥洗室	4.无障碍客房盥洗室门宽足够轮椅进出		
	5.无障碍客房盥洗室前有门槛		
	6.无障碍客房盥洗室门宽可容轮椅回旋（150平方厘米以上）		
	7.无障碍客房盥洗室马桶一侧净宽有75厘米以上		
	8.无障碍客房盥洗室马桶设有扶手（标准为：1.□L形扶手+2.□可动式扶手）		
	9.无障碍客房盥洗室洗手台高度适合轮椅使用		
	10.无障碍客房盥洗室洗手台下方有净空间可容轮椅接近		
	11.无障碍客房盥洗室镜子高度适合轮椅使用		
	12.无障碍客房盥洗室设有紧急求助铃或对讲机		
	13.盥洗室有壁挂式、固定式【洗澡椅】使用		
	14.盥洗室淋浴开关方便操作		
	15.盥洗室有浴缸型设备方便使用		
	16.客房的衣架间设施设备方便使用		
餐饮区	1.餐饮楼层电梯可到达		
	2.餐桌方便轮椅入座、离席		
	3.开放式取餐区方便取餐		
	4.有服务人员协助取餐		
	5.结账柜台服务方便使用		
辅具	1.提供轮椅租借服务		
	2.备有【洗澡椅辅具】		
其他意见			

餐饮环境检测表

检测项目	检测内容	是	否
停车场	1.设有无障碍停车位方便上下车（宽度、空间）	是	否
	2.停车场无障碍停车位铺设为透水性地砖（如环保#字形空心砖，凹凸不平）		
	3.停车场无障碍停车位铺设为水泥硬平面		
	4.有专人服务协助代客停车		
建筑物主要出入口	1.出入口为斜坡道（大于1：12以上坡度面）		
	2.出入口斜坡宽度足够轮椅进出（大于80厘米）		
	3.出入口为阶梯（阶）		
	4.出入口门型方便进出(可多选：□横式门、□推拉门、□旋转门、□自动门)		
	5.出入口门宽方便进出		
	6.出入口设有门槛（ 厘米）		
	7.室内动线宽度方便通行		
接待柜台	1.柜台（服务台）高度过高（高于75厘米以上）		
	2.柜台服务人员积极服务		
公共区设施设备	1.无障碍厕所至少一间		
	2.无障碍厕所门宽足够轮椅进出		
	3.无障碍厕所内部净空间可容轮椅回旋（150平方厘米以上）		
	4.无障碍厕所马桶一侧空间净宽有75厘米以上		
	5.无障碍厕所马桶设有扶手（标准为：1.□L形扶手+2.□可动式扶手）		
	6.无障碍厕所洗手台高度适合轮椅使用		

检测项目	检测内容	是	否
公共区设施设备	7.无障碍厕所洗手台下方有净空间可容轮椅正面接近		
	8.无障碍厕所镜子高度适合轮椅使用		
	9.无障碍厕所设有紧急求助铃或对讲机		
	10.男厕所小便池有一座设有扶手		
电梯	1.升降机门宽足够轮椅进出		
	2.升降机空间足够轮椅回旋		
	3.任一边的侧面有副操控盘，且上层按键高度在85厘米以下		
	4.两侧设有扶手（圆形、2.8厘米以下）		
	5.主操控志楼层按键设有点字（□点字在左边；□点字在右边）		
	6.门的对向面设有镜子，底部高度在90厘米以上		
餐饮区	1.餐饮出入口为斜坡道（1:12以上坡度面）		
	2.餐饮出入口斜坡道宽度足够轮椅进出（大于80厘米）		
	3.餐饮出入口为阶梯（ 阶）		
	4.餐饮出入口门型方便进出(可多选：□横式门、□推拉门、□旋转门、□自动门)		
	5.餐饮出入口设有门槛（厘米）		
	6.餐饮楼层电梯可到达		
	7.餐桌方便轮椅入座、离席		
	8.开放式取餐区方便取餐		
	9.有服务人员协助取餐		
	10.结账柜台服务方便使用		
辅具	1.提供轮椅租借服务		
其他意见			

后记 残友心声

记者：人们想知道的是，我们为什么要大力保护残疾人权利，发展残疾人事业？

薄绍晔：残疾是人类文明和社会进步发展过程中不可避免要付出的代价。这个观点社会各界广泛认同，它蕴含了很深的哲理。在经济社会的繁荣发展过程中，人类要付出因发展而带来的交通事故、环境污染等造成的残疾代价，正是残疾人为我们承担了这些后果。从某种意义上讲，绝大多数人生命的最后时光都会在轮椅或者病床上度过，保护残疾人权利，对每个社会成员都有意义。

可以说，残疾人是人类文明和社会进步的奉献者。在这一点上全世界达成了共识。《公约》序言第十三款指出，残疾人对其社区的全面福祉和多样性做出了宝贵贡献，就是这个意思。

保护残疾人的各项权利，发展残疾人事业，是我们无可推卸的责任。进一步说，只有解决了包括残疾人在内的所有弱势群体所面临的问题，比如社会平等、社会保障、受教育、就业等问题，我们建设的小康社会才是高水平的。

记者：那么，您认为联合国为什么要制定这样一部《公约》？

薄绍晔：长期以来，联合国对残疾人问题关注不够。在国际法体系中，消除种族歧视、消除对妇女歧视、保护儿童、保护移民等都有相应的人权公约，唯独缺少一部专门保障残疾人权利的法律文件。20世纪80年代以来，联合国出台了《关于残疾人的世界行动纲领》《残疾人机会均等标准规则》，但都只是号召性的，缺乏法律约束力。联合国人权高级专员路易斯·阿尔布尔曾说，现有的人权体系不能给各类残疾人提供充分的保护，已经到了联合国纠正这一错误的时候。

目前全世界有6.5亿残疾人，残疾人问题已经成为一个全球性问题。不管是在发达国家还是发展中国家，歧视残疾人、侵犯残疾人权利的现象屡见不鲜。国际社会认识到，只有制定一部具有法律约束力的残疾人权利公约，才能有效促进各国加强残疾人权利的保护，推动和谐世界的建设。

记者：联合国官方表示，《公约》是21世纪联合国制定的第一个人权公约，标志着人们对待残疾人的态度和方法发生了“示范性转变”。在您看来“示范性转变”具体是指什么？

薄绍晔：以往大家认为，残疾人仅是社会救济、康复的对象，还有人认为扶助残疾人是对他们的恩赐；而《公约》指出，残疾人和健全人一样，都是全面参与社会生活的权利主体，对残疾人和健全人权利的保护也应当无差别。《公约》第三条写到：“尊重固有尊严和个人自主，包括自由做出自己的选择，以及个人的自立。”这个原则贯穿了《公约》全篇。从第十条到第三十条，《公约》详细规定了残疾人享有的生命权、健康权、表达自由权、受教育权等等权利，与健全人是平等的。

这就对我们一些传统理念提出了挑战。比如认为解决残疾人的一些困难就是对残疾人的特别关照和特殊给予，而不是从残疾人的权利角度出发。其实保护残疾人的权利是政府的职责和社会应尽的义务，如果没做到，就是失职。这就要求我们更新观念，认真履约。

记者：《公约》有哪些亮点？应该如何看待《公约》的作用？

薄绍晔：《公约》在很多方面都是开创性的。首先，与其他人权公约相比，《公约》不是纯人权公约，而是一部全面、综合的国际公约，力求在保护人权和促进社会发展之间取得平衡，并把对残疾人权利的保护纳入到社会发展进步，尤其是发展中国家发展进步的过程中，这一点非常重要。

其次，《公约》强调平等保护，并不要求赋予残疾人新的权利或者特殊权利，而是重申残疾人与健全人享有平等的权利，我们看到，《公约》中几乎每一条都有“在与他人平等的基础上”的字样，就是说对于残疾人既不能歧视，也不能过度保护。

第三，《公约》考虑到了发展中国家的具体情况，提出保护残疾人权利应逐步实现。《公约》第四条规定了缔约国的义务，其中第二款指出：“关于经济、社会和文化权利，各缔约国承诺尽量利用现有资源并于必要时在国际合作框架内采取措施，以期逐步充分实现这些权利。”发展中国家经济、文化、社会发展水平相对较低，对残疾人权利的保护不可能一步到位。在这点上，《公约》是非常务实的。

第四，《公约》强调了国际合作的重要性，除了在序言中有所表述，还用第三十二条整条的篇幅对国际合作做了详细规定。国际合作是《公约》谈判时的一个焦点问题。尽管国际合作一直在进行，但一些发达国家反对把这一点写进《公约》里，以免除责任。最终在以中国为首的广大发展中国家的要求下，这一条款得以保留。

第五，《公约》建立了一套监督机制。《公约》要求缔约国内部建立一个框架来监督《公约》的实施，同时在联合国设立残疾人权利委员会，审议各国提交的履约报告，提出意见和建议，确保公约规定的内容得以在各缔约国实施。

总的来看，《公约》是促使世界各国采取行动的纲领性文件，对各缔约国都具有法律效力，必将推动各国残疾人事业和国际残疾人运动的发展，全球的残疾人都会从中受益。同时也要看到，《公约》中各项目标的实现是一个渐进的过程，根本上还是要靠各国政府的努力。

中国的残疾人事业获得了国际社会高度认可。

记者：在《公约》起草谈判的过程中，中国发挥了怎样的作用？

薄绍晔：中国一直是《公约》坚定的倡导者和支持者。20世纪80年代开始，不断有国家提出要制定《公约》，由于各种原因都未被采纳。2000年3月，中国残联邓朴方主席邀请残疾人国际、融合国际、康复国际、世界盲人联盟和世界聋人联合会5大国际残疾人组织和来自各大洲的代表，在北京举行了“世界残疾人非政府组织领导人会议”，通过了《北京宣言》，呼吁联合国加紧制定《公约》。这次会议得到中国政府的大力支持，在国际上引起了巨大反响。随后，中国政府又为推动《公约》的制定做了大量卓有成效的工作。

2001年，联合国正式决定制定《公约》，中国残联和中国外交部密切合作，组成代表团参加了《公约》草案的历次谈判，并根据谈判进程积极与政府相关部门进行沟通。像前面提到的《公约》性质的综合性、国际合作等内容，都是中国率先提出的，并且获得了广泛的支持，最后被采纳。

谈判也并非一帆风顺。各国对“人权”的内涵有不同理解，再加上政治制度、经济发展水平的差异，出现分歧在所难免，有的时候争论异常激烈。我们一直很注重谈判策略，与有关国家代表坦诚沟通，并积极斡旋。值得高兴的是，各国在保护残疾人权利这个根本目标上是一致的，所以最终也能互相理解，达成妥协。从2001年开始制定到2006年《公约》获得通过，仅用了5年时间，这在联合国历史上非常少见。

中国在这个过程中发挥了积极作用，一个重要前提就是中国的残疾人事业取得了重大发展，国际社会对我们给予了很高的评价。2003年，邓朴方主席获得了“联合国人权奖”，这是中国人第一次获得这个奖项，说明国际社会充分肯定了我国在保护残疾人权利方面所做的努力。

记者：这是不是意味着我国在国际人权事务中扮演的角色越来越重要？

薄绍晔：从提议到制定完成，《公约》是我国唯一全程参与的人权公约。我们在人权问题上开放、务实的姿态也得到了国际社会的认可。在联合国谈判的时候，大家都非常关注我们的发言。中国残疾人数量庞大，达到8300多万，我们在保护残疾人权利方面的做法对许多发展中国家都具有示范性意义。在国际人权事务中，中国会发挥越来越重要的作用。

关键在于履约。

记者：您认为我国残疾人工作中有哪些经验值得向世界推广？

薄绍晔：首先的一点，我国始终把残疾人事业的发展纳入国家经济社会发展的大局。国家每5年制定一个经济社会发展规划，其中就包含有残疾人事业发展的内容，同时制定残疾人事业发展的专门规划和实施方案，体现了国家对残疾人事业的重视。第二，我们坚持政府在残疾人事业发展中的主导作用。国务院和地方各级政府都成立了残疾人工作委员会，协调相关部门共同开展残疾人工作。第三，我们动员全社会广泛参与，积极支持残疾人事业发展，取得了很好的效果。

记者：《公约》生效之后我们又该做些什么？怎样确保《公约》的精神在我国得到落实？

薄绍晔：《公约》对缔约国具有法律效力，我们必须按照《公约》确定的原则来修改涉及残疾人相关法律法规。我国《残疾人保障法》从2004年开始启动修订，到今年4月完成修订，这期间也是《公约》谈判的关键时期，《残疾人保障法》遵循了《公约》的原则精神。修订后的《残疾人保障法》第三条规定，“禁止基于残疾的歧视”，这与《公约》的规定完全一致。以前我们只说禁止歧视残疾人，现在与残疾人有关联的人士，比如父母子女，或者从事残疾人工作的健全人，都不得歧视，这就拓展了禁止歧视的范畴。《公约》把“无障碍”作为基本原则并专条规定了“无障碍”的内容，《残疾人保障法》也单设一章“无障碍环境”，提醒人们，“无障碍环境”不是可有可无的，如果没有，就是歧视，就是违法。除了《残疾人保障法》，我们还有《残疾人就业条例》《残疾人教育条例》，另外《无障碍条例》和《残疾人康复条例》也已纳入国务院立法规划。我国的残疾人事业已经纳入了法治轨道，初步形成了保护残疾人权利的法律体系。

中国残联维权部经常接触到各式各样的残疾人维权案件，我们觉得，有了《公约》强有力的约束，就会促使人们去纠正那些与《公约》的理念相冲突的传统思维，消除对残疾人的陈旧看法，树立正确的残疾人观。尤其是政府部门，要转变观念，加强对残疾人事业和残疾人权益保障工作的重视，认真履行公约义务。各级政府在制定涉及残疾人的政策的时候，要充分考虑到残疾人的特殊需求，切实保护他们的权益。

薄绍晔，中国残联维权部主任

聋协代表张江主席发言，她说："作为聋人代表一定要为聋人发声，大家平常关注的更多是肢体障碍，其实我们聋人同样也是需要无障碍的，需要文字性的东西，比如说，我们去医院，由于听不到，大夫又戴着口罩，我们看不到大夫的口型，根本不能和大夫沟通，我们需要一名志愿者能帮助我们和大夫沟通，我们才能就医。还有景区，只有语音导览，好多景点，没有文字介绍。"

肢协代表邢昭主席说："无障碍环境条例，要有约束性的细则，比如说，很多坡道都没有扶手，我们肢残朋友很难通过。"

机场代表杨佩蕾女士说："我们机场经常和助残机构做无障碍方面的活动，而且加设了机舱轮椅及地面大轮椅，远机位在摆渡车上加设了轮椅服务，现在越来越人性化。"

智协代表胡斌主席说："对于智力障碍，需要的是环境的无障碍，还有人文的无障碍。公共场所的人文导引！让服务人员与智障孩子有效沟通，避免发生'智障孩子'新闻事件。"

精协代表饶立群主席说："作为自闭症孩子的妈妈，我们饱受精神折磨，就是社会的歧视，比如一些公共场所地铁、机场一旦发生状况，就拒绝精神残疾人，出行的障碍就是最大的障碍。"

致谢

本书付梓出版之际，诚挚感谢共青团四川省委的大力资助与支持；感谢致公党四川省委员会的大力支持；感谢四川师大历史文化与旅游学院无障碍旅游研究与发展中心参与本书编写的各位专家学者付出的智慧与辛劳；感谢支持我们的志愿者、爱心企业、爱心人士的志愿服务！感恩有你们，才完成了本书的出版，再次表示谢意！

四川师范大学 熊红霞

2017年7月6日